CRECER

SANO,

CRECER

FELIZ

Primera edición: septiembre de 2023

© Beatriz Maya Rufo, 2023

© del diseño del interior, Sacajugo.com
© de las ilustraciones del interior, Freepik.es

© Editorial Planeta, S. A., 2023
Zenith es un sello editorial de Editorial Planeta, S.A.
Avda. Diagonal, 662-664, 08034 Barcelona (España)
www.zenitheditorial.com
www.planetadelibros.com

ISBN: 978-84-08-27607-4
Depósito legal: 13.493-2023

Impreso en España – *Printed in Spain*

Beatriz Maya

CRECER SANO, CRECER FELIZ

Una breve guía
de crianza
para tu peque
de 0-3 años

zenith

SUMARIO

INTRODUCCIÓN

No se enseña a un niño a desarrollarse;
lo que se puede hacer es multiplicar en torno a él
las ocasiones para un desarrollo natural.

MARIA MONTESSORI

Me declaro una apasionada del niño y su desarrollo. Nada me fascina tanto como ser testigo de las habilidades que, desde los primeros meses de vida, es capaz de adquirir un peque (como verás a lo largo de este libro, esta es mi forma favorita de referirme a ellos) y de la evolución que, en todos los ámbitos, experimenta durante toda su infancia.

Desde que tuve la posibilidad de elegir mi formación profesional, lo supe: mi vida tenía que girar en torno al niño, su desarrollo y las alteraciones que este pudiera sufrir. La vocación que siempre he sentido por ayudar, ya no solo a los niños, sino también a sus familias, tenía que ponerse en marcha y hacerme luchar por cumplir mis sueños.

Como logopeda y maestra especialista en pedagogía terapéutica, me dedico en cuerpo y alma a detectar y trabajar las dificultades del lenguaje, del desarrollo y del aprendizaje en niños y adolescentes.

Después de algunos años buscando mi lugar mientras me formaba y me ponía a prueba como profesional, decidí embarcarme en la gran aventura que suponía la creación de mi clínica. Todavía recuerdo como si fuera ayer las primeras familias que atendía en mi pequeña consulta en Imperial (Madrid), que me confiaban lo más importante que tenían en sus vidas: sus hijos y su desarrollo. Siempre he procurado dar lo mejor de mí para merecer esa confianza.

Concretamente, me acuerdo de una familia muy especial que para venir asumía casi una hora y media de trayecto en transporte público, porque una amiga, a cuya peque le había dado ya el alta, les había recomendado venir a mi consulta. Al cabo de un tiempo, empezó a acercarse el día de dar el alta también a la peque de esta familia. Al finalizar una de las sesiones, en las que yo tenía ya un papel más de espectadora (puesto que la mamá había conseguido ser toda una experta a la hora de estimular el lenguaje de su peque), me dijo al despedirnos: «Jo, Bea, ojalá servicios como el que tú ofreces fueran accesibles para todo el mundo. Tengo amigos que, por motivos económicos, no se lo pueden permitir, y estoy segura de que los ayudarías a que sus peques evolucionaran tanto como lo ha hecho X».

Era el mes de junio y me dejó helada. Una cosa muy buena y muy mala que tengo (dependiendo de la situación) es que mi cara refleja al instante lo que piensa mi cabeza o siente mi corazón. Y, al verme, me pidió disculpas. Pensó que me había herido con sus palabras o que yo podría haberlas malinterpretado pensando que no estaba dando la importancia que debería a mi servicio.

Por supuesto, nada más lejos de la realidad. Sí es cierto que sentía malestar, puesto que consideraba que tenía toda la razón, pero no por los motivos que ella consideraba. Era totalmente cierto; era muy injusto no poder llegar a todas las familias que, por motivos económicos o incluso debido a la distancia física, no podían acceder a la clínica.

Esas palabras resonaron en mí durante días.

Si tanto creía en lo que estaba haciendo, en la manera en la que trato a los niños y a sus familias, en la forma que tengo de aplicar lo que sé, de explicárselo a las mamás y a los papás, de hacer que los niños se diviertan aprendiendo…, tenía que hacer algo para dar solución a ese problema. Para poder llegar a todas esas familias. Y fue ahí cuando tuvo lugar mi inicio en las redes sociales: @centrocreemadrid.

Gracias a ellas, comparto sin límites todo lo que sé, todo lo que hago y todo lo que puedo aportar a los niños y a sus familias. Y gracias a ellas también, tengo la suerte de poder presentaros mi libro. Sin ellas, quizá Zenith (y, más concretamente, Carolina ☺) nunca me habría planteado esta maravillosa oportunidad, por la que le estoy enormemente agradecida.

Con este libro quiero acompañarte en el apasionante camino que supondrá el desarrollo de tu peque. Un camino lleno de curvas en el que experimentarás todo tipo de emociones y estados de ánimo: ilusión, miedo, inseguridad, alegría, cansancio, entusiasmo…, pero, sobre todo, un camino lleno del amor más grande que hayas experimentado jamás.

A lo largo de estas líneas, trataré las principales áreas del desarrollo infantil y hablaremos sobre las principales características del desarrollo de su lenguaje, de su cognición, de su autonomía, de su motricidad y de sus emociones. Así, capítulo a capítulo, mi objetivo será que dispongas de toda la información necesaria para poder actuar y acompañar de forma consciente y respetuosa a tu peque a lo largo de estos primeros años de vida.

Como verás, el enfoque que he querido darle a este libro es fundamentalmente práctico, para no quedarnos solo en la parte más teórica, pero también para ofrecerte las herramientas y las estrategias que necesitarás para estimular el desarrollo de tu peque, y para abordar determinadas situaciones a las que quizá tengas que enfrentarte en estos años.

Por lo tanto, solo habré cumplido mi objetivo si, tras leer este libro, sientes la tranquilidad y, al mismo tiempo, la ilusión que proporcionan tanto el saber lo que tu peque necesita como el disponer de los conocimientos y los recursos necesarios para acompañar y disfrutar de él y de su desarrollo, para ayudarle a crecer sano y feliz.

Instrucciones de uso

Antes de comenzar, me gustaría poder comentarte algo más concreto acerca de este libro y sobre cómo te recomiendo utilizarlo:

* Me encantaría que fuera uno de esos libros que subrayamos, llenamos de pósits y siempre tenemos cerquita. Así, a medida que tu peque vaya creciendo y experimentando cambios, podrás releerlo y consultarlo siempre que lo necesites.

* Este es un libro creado por y para ti y tu familia. Si eres profesional de cualquier ámbito de la educación o la salud, verás que hay tecnicismos y apuntes teóricos muy explicados con mis palabras, para que así la información pueda ser accesible a todas las familias interesadas.

* Observarás que he escrito este libro utilizando siempre el género masculino. Si tienes una hija, por favor, haz tuyo todo lo que aquí te cuento de igual manera. Simplemente se trata de una cuestión práctica, que facilita la lectura. Hacer referencia en cada línea al «niño o niña», a «nuestro o nuestra peque», o a «enfadado o enfadada», «motivado o motivada» o «creativo o creativa», por ejemplo, podría hacer más engorroso lo que, en realidad, pretendo transmitir.

* De igual manera, habrá ejemplos referidos a mamá y ejemplos referidos a papá. Y, en ambos casos, me estoy refiriendo a ti. Incluso si eres un abuelo o una abuela interesada en el desarrollo de su nieto. Tan solo es una manera de ejemplificarlo.

* Finalmente, me gustaría que, aunque yo misma haya dividido el desarrollo del niño en cinco capítulos y, por lo tanto, en cinco áreas, consideres este como un todo, con todas esas áreas conectadas entre sí. Por ejemplo, si hablamos del «desarrollo psicomotor del niño», este engloba el desarrollo motor y el desarrollo cognitivo, y este último, a su vez, abarca el desarrollo del lenguaje, por lo que los tres primeros capítulos de este libro estarían incluidos dentro de ese apartado.

Importante: considera con flexibilidad los datos aportados relativos a las edades. Si observaras que en alguna de las áreas ya se ha alcanzado la edad a la que un determinado hito ya tendría que haberse adquirido, el objetivo no es que te preocupes, sino que te ocupes.

El desarrollo del niño no es una ciencia exacta, por lo que, aunque manejemos periodos de tiempo en los que tiene lugar la adquisición de ciertas habilidades, el ritmo y la evolución que sigue cada niño van a depender, única y exclusivamente, de él mismo y de su desarrollo.

No te entretengo más. ¡Vamos juntos! Poquito a poco y de la mano.

EL LENGUAJE

Cuando pensamos en el lenguaje como área del desarrollo de nuestro peque, en estas edades, nuestra mente directamente nos lleva a imaginarnos a nuestro hijo diciendo sus primeras palabrillas, ¿verdad? Las sensaciones que recorren nuestro cuerpo al fantasear pensando en cómo será su voz, cuáles serán esas primeras palabras, el momento en el que nos llame mamá/papá… son indescriptibles.

En este primer capítulo, vamos a hablar del camino para llegar precisamente a este punto, incluso un poquito más allá. En él, te cuento todo lo que necesitas saber para que el desarrollo del lenguaje de tu peque se produzca sin sorpresas y, en el caso de que estas surgieran, cuentes con la información necesaria para poder abordarlas desde la tranquilidad que nos transmite saber que estamos haciendo lo correcto.

Permíteme acompañarte en este camino para que, juntos, consigamos que esas sensaciones indescriptibles se hagan realidad.

PRERREQUISITOS DEL LENGUAJE

Antes de adentrarnos en lo que podríamos considerar el lenguaje como tal, debemos tener en cuenta que existen una serie de prerrequisitos que, como su propio nombre indica, son anteriores y necesarios para el correcto desarrollo del lenguaje del niño. Además, estos nos servirán de indicadores para saber que todo marcha bien en los primeros meses y años de vida. Se trata de la audición, el contacto ocular, la imitación, la intención comunicativa y la atención conjunta. A continuación te los explico.

Audición

Este es el primer aspecto, fundamental e imprescindible, en el desarrollo del lenguaje. Detectar cuanto antes una posible pérdida auditiva determinará la posterior evolución del desarrollo del lenguaje de nuestro peque.

Si este fuera el caso, cuanto antes se detecte, antes se podrá establecer un diagnóstico y, lo más importante, antes se pondrá en marcha el tratamiento más conveniente.

Recuerda que la gran plasticidad neuronal (es decir, la capacidad del cerebro para reaccionar ante un entorno diverso y recuperarse, reestructurarse y adaptarse a nuevas situaciones) caracteriza los primeros años de vida del niño y es determinante en la adquisición de sus aprendizajes.

En el momento del nacimiento, antes de recibir el alta hospitalaria, a nuestro peque le realizarán una prueba protocolaria (otoemisiones acústicas evocadas o potenciales auditivos de tronco cerebral automatizados) que determinará si existe o no pérdida auditiva, por lo que ya disponemos de un primer indicador desde el inicio que nos permitirá afrontar este aspecto con total tranquilidad.

Si todo sale bien en esta prueba, solo harán seguimiento en el caso de que nuestro peque presente algún indicador de alto riesgo, como pueden ser:

* Antecedentes de pérdida auditiva en la familia.
* Prematuridad y bajo peso al nacer.
* Anomalías craneoencefálicas.

* Infección de la madre durante la gestación (citomegalovirus, toxoplasmosis, rubéola…).

* Existencia de rasgos relacionados con algún síndrome que suela cursar con pérdida auditiva…

Si los resultados no son satisfactorios, nos derivarán a la especialidad de otorrinolaringología para llevar a cabo nuevas pruebas que confirmen o descarten definitivamente la existencia de pérdida auditiva.

Una vez en casa, tenemos diferentes formas de saber si nuestro peque está percibiendo correctamente los sonidos del entorno durante estos primeros meses:

* Por un lado, prestaremos atención a su reacción ante sonidos ambientales, tales como una alarma o un portazo (veremos si nuestro peque se sobresalta, se agita, si dirige su atención hacia ese sonido…).

* Por otro lado, observaremos su reacción hacia el lenguaje (si gira la cabeza y busca con la mirada a la persona que le habla, si se tranquiliza ante la voz de mamá o papá, si emite sonidos como respuesta a lo que le decimos…).

A partir de los doce meses, los indicadores anteriores serán igualmente válidos, pero también podremos añadir otras señales que nos pueden hacer sospechar de la existencia de una pérdida auditiva:

* En primer lugar, si nuestro peque responde o no a su nombre cuando le llamamos.

* En segundo lugar, si produce o no vocalizaciones o ha surgido el balbuceo como respuesta al lenguaje del adulto.

* Por último, si reconoce o no palabras sencillas y familiares incluidas en nuestro día a día («mamá, papá, ven, pelota, agua…»).

Nota: en lo que respecta al reconocimiento de palabras, debemos tener cuidado de no asociar estas a un gesto que pueda facilitar la comprensión de nuestro peque a través de la vista, para asegurarnos de que el reconocimiento es totalmente auditivo. Por ejemplo, habría que evitar señalar un objeto o el típico movimiento con la mano cuando queremos que venga alguien.

A partir de los veinticuatro meses, además de observar si perdura alguna de las señales anteriores, podemos atender a otras, como son:

* El repertorio de palabras de nuestro peque (si emite, como mínimo, veinte palabras).

* Su comprensión del lenguaje (si comprende órdenes sencillas como «dame el vaso», si identifica a personas familiares, si reconoce objetos y el uso que hacemos de ellos o si interactúa y responde a preguntas como «¿dónde está la abuela?»).

Conociendo los indicadores y los parámetros que podrán alertarnos de la posible existencia de una pérdida auditiva en nuestro peque, solo nos queda utilizar la información de forma «sana», es decir, sin obsesiones, sin constantes comprobaciones, sin prisas, sin agobios…, todo lo contrario, sabiendo que tenemos el conocimiento y las herramientas para actuar a tiempo en caso de que fuese necesario.

ma-ma
da-da

Consejos y actividades para estimular la audición de nuestro peque en casa

* *Localizar la fuente sonora:* esconde un objeto sonoro (un juguete, un despertador, un móvil con música…) y juega con tu peque a encontrarlo. El nivel de dificultad dependerá del grado de desarrollo del niño: en primer lugar, puedes esconder el objeto bajo una manta o detrás de algún otro objeto, pero cercano a ti; cuando veas que este nivel ya está dominado, aumenta la complejidad alejando el objeto sonoro en cuestión (hasta ubicarlo incluso en otras estancias de la casa para que así sea mucho más divertido).

* *Detectar la presencia o ausencia de sonido:* el típico «juego de las sillas», en el que suena la música y, al parar, cada uno de los jugadores tiene que intentar sentarse en una de las sillas, se basa en esta habilidad. Nuestra misión será adaptar esta idea al nivel de desarrollo de nuestro peque. Estas son algunas opciones: al parar la música, podemos mirarnos y poner cara de sorpresa, o colocar un cubo en una torre, o podemos simplemente lanzarnos la pelota… Asociar la estimulación a los intereses de nuestro peque siempre será importantísimo.

* *Discriminar sonidos:* en este caso, esconderemos dos objetos diferentes (detrás de nosotros, en una caja, ocultos tras una tela…) y los haremos sonar. Habrá ocasiones en las que haremos sonar dos veces el mismo objeto y ocasiones en las que sonarán ambos, con el objetivo de que nuestro peque sea capaz de discriminar si los sonidos escuchados son iguales o diferentes.

* *Si todavía no es capaz de decírnoslo con palabras, podemos asociar una acción a cada concepto:* por ejemplo, damos palmas cuando los sonidos sean iguales y nos quedamos como estatuas cuando sean diferentes.

  No olvides dar misterio, generar curiosidad y buscar la motivación de tu peque (por ejemplo, planteando la actividad a modo de concurso o programa de la televisión).

* *Identificar sonidos:* para este nivel, necesitaremos contar con cierto repertorio de sonidos (hay vídeos en YouTube con sonidos de animales, de transportes, de instrumentos… que nos pueden servir de ayuda) y, además, necesitaremos juguetes o tarjetas que representen esos sonidos. Colocaremos diferentes elementos al alcance de nuestro peque (por ejemplo, un coche, una vaca y un tambor) y reproduciremos un sonido (por ejemplo, el de la vaca). El niño tendrá que decir el nombre del elemento que corresponda o coger el objeto o tarjeta asociada.

* *Reconocer sonidos:* esta última fase es ideal para jugar fuera de casa. Aprovecharemos los paseos, las excursiones, los viajes… para poner a prueba el reconocimiento de los sonidos que previamente hemos trabajado en casa y, así, en el momento en el que reconozcamos uno de ellos, podemos compartirlo entre nosotros. A nuestro peque le hará muchísima ilusión reconocer el sonido de la ambulancia, de los pájaros, de un río…, pero, sobre todo, que estemos ahí, a su lado, para compartir esa ilusión.

Contacto ocular

Intercambiar miradas con nuestro bebé puede llegar a ser algo realmente maravilloso. Por suerte, este acto no solo es beneficioso en el plano emocional, sino que también contribuye a en la adquisición y el desarrollo del lenguaje de nuestro peque.

Las últimas investigaciones realizadas acerca de cómo el establecimiento del contacto ocular entre el bebé y su interlocutor (mamá, papá o la figura de cuidado de referencia) ayuda al nivel de comunicación del niño nos ofrecen unas conclusiones totalmente determinantes[1].

Se ha podido comprobar que, cuando bebé y adulto se miran a los ojos mientras realizan cualquier intercambio comunicativo, sus ondas cerebrales se sincronizan y esto hace que los bebés tiendan a emitir un mayor número de vocalizaciones e intentos comunicativos.

Por lo tanto, aunque *a priori* pueda resultar un aspecto muy básico, el simple hecho de buscar y establecer contacto ocular con nuestro peque cuando nos estamos dirigiendo a él o cuando él intenta comunicarnos algo facilitará la transferencia de esa información y, con ello, estaremos contribuyendo al desarrollo de su lenguaje.

Consejos y actividades para estimular el contacto ocular de nuestro peque en casa

* *Colocarnos siempre a su altura:* de esta forma, facilitaremos en gran medida que su mirada se encuentre con la nuestra.

* *Situar un objeto de su interés a la altura de nuestros ojos:* si, por ejemplo, estamos jugando con los coches, subiremos uno de ellos a la altura de nuestros ojos («¡guau, el coche rojo!»), captando por completo su atención y su mirada.

* *Colocar elementos llamativos en nuestra cara:* unas gafas, un sombrero, una pegatina…, cualquier cosa que pueda llamar la atención de nuestro peque y que le incite a dirigir su mirada hacia la nuestra.

* *Jugar a esconder nuestra cara:* una miniversión del tradicional «cucú-tras» consiste en cubrir nuestra cara con una pequeña tela y llamar a nuestro peque, hacer sonidos que capten su atención y descubrir nuestra cara a modo de sorpresa. Conseguiremos así atraer su atención y será mucho más probable que establezca contacto ocular con nosotros.

* *Animar a nuestro peque a que nos toque la cara:* si toca con sus manos las diferentes partes de nuestra cara, le resultará mucho más sencillo focalizar su atención en ella. Además, podemos aprovechar para hacer un divertido pintacaras y disfrutar de un momento mágico juntos.

Imitación

Entendemos por *imitación* el proceso intuitivo mediante el cual nuestro peque reproduce sonidos, movimientos, formas de actuación y, en definitiva, cualquier patrón que pueda observar en su entorno.

La imitación desempeñará un papel fundamental en el desarrollo del niño, como veremos en el capítulo 4, no solo en lo que se refiere al área del lenguaje, sino también en los planos motor, cognitivo, emocional y social. Así pues, un mecanismo con ese poder merece una especial consideración en la infancia de nuestro peque.

Y es que, desde los primeros meses de vida, un niño adquiere multitud de aprendizajes, en primer lugar, a través de la observación del entorno y, a continuación, mediante la imitación de lo observado: adquiere nuevas palabras, lleva a cabo conductas sociales (como saludar), desarrolla rituales (como lavarse las manos antes de comer), manifiesta reacciones ante estímulos (como asustarse ante una araña), etcétera.

Concretamente en el lenguaje, en los primeros meses de vida ya podemos ver cómo el bebé trata de imitar nuestros sonidos a través de esas primeras vocalizaciones. Poco a poco, esos intentos iniciales serán cada vez más precisos, hasta que pueda imitar palabras (y con ello adquirir nuevo vocabulario) e incluso frases (con lo que adquirirá nuevas expresiones y enriquecerá su lenguaje progresivamente).

Consejos y actividades para estimular la imitación (del lenguaje) de nuestro peque en casa

* *Cada interacción nos brinda la oportunidad de estimular la imitación:* ten en cuenta que, siempre que interactúes con tu peque, tendrás la oportunidad de estimular su imitación (ya sea en el plano motor, en el social, el del lenguaje…); ¡aprovéchalo! Recuerda: no necesitamos el lugar ni la hora perfecta; las situaciones cotidianas son ideales.

* *Empezar por la imitación de las vocales:* vamos a tratar de estimular, mediante el juego, la imitación del sonido de las vocales, pero no en un orden cualquiera, sino que lo haremos de menor a mayor dificultad (en función del grado de apertura de la boca que requieren): /a/, /o/, /e/, /u/ y, por último, /i/.

* *Asociar los sonidos a un movimiento:* utilizaremos cualquier juego o juguete del interés de nuestro peque que nos permita realizar movimientos repetitivos: construir/destruir una torre de bloques, quitar/meter los aros en el poste, encestar pelotas en una caja… De esta forma, en el momento en el que hagamos el movimiento (como lanzar la pelota), emitiremos el sonido que corresponda (por ejemplo, «aaaaa»).

* *Estimular con onomatopeyas:* el siguiente nivel de dificultad corresponde a las onomatopeyas (palabra que resulta de la imitación del sonido de aquello que designa, por ejemplo: «guau-guau» del perro). Aprovecharemos la imitación de las vocales que ya hemos trabajado para estimular aquellas que contienen estos sonidos: el sonido del fantasma («uuuuu»), del cerdo («oi-oi»), del burro («io-io»)… Y, después de estas, pasaremos a cualquier otra onomatopeya («ni-no-ni-no» de la ambulancia, «ssshhhh» del agua, «muuuu» de la vaca…). ¡Les encantan!

* *La importancia de los silencios:* una vez que produzcamos el sonido que queremos estimular, será fundamental que permanezcamos unos segundos en silencio para permitir la respuesta del niño (sea esta la imitación que buscamos u otra que nos pueda sorprender en la misma medida).

* *No pedirle que repita:* podremos animar, en alguna ocasión, a nuestro peque a la producción de un sonido («¿a ver cómo suena?»), pero evitaremos solicitarle constantemente la repetición del sonido, onomatopeya o palabra que tratemos de estimular. Nuestro objetivo será buscar la motivación necesaria para que esta imitación se produzca de manera espontánea.

* *El ingrediente imprescindible, la diversión:* para llegar a esa imitación espontánea, trataremos siempre, en primer

lugar, de buscar los centros de interés de nuestro peque (para así plantear las actividades) y, en segundo lugar, de procurar que él ni siquiera perciba que estamos tratando de estimular algún aspecto de su desarrollo; simplemente sentirá que está disfrutando de un rato superdivertido a nuestro lado.

Intención comunicativa

La *intención comunicativa*, como su propio nombre indica, hace referencia al deseo que experimenta nuestro peque de comunicar algo. Esto no significa que, para ello, tenga que utilizar necesariamente las palabras, sino que esta comunicación puede hacerse de manera no verbal, es decir, a través de gestos, miradas o expresiones faciales, siempre que, con ellos, su interlocutor reciba un mensaje.

Es por esto por lo que, en realidad, la intención comunicativa no es un prerrequisito del lenguaje como tal. Un niño puede desarrollar el lenguaje, pero no tener intención comunicativa, como suele ser el caso de los peques con trastorno del espectro autista (TEA). Esto tampoco quiere decir que todos los niños que no tengan intención comunicativa tengan este diagnóstico, pero sí es una característica muy frecuente en él.

Ejemplo: nuestro peque conoce y emite el nombre de los animales, de los transportes, incluso de letras y números, a muy temprana edad, pero no es capaz de utilizar todo ese lenguaje de una manera funcional, es decir, para comunicarse con los demás. No pide ayuda, no pide lo que quiere o necesita, no responde cuando le preguntamos… En este caso se produce una ausencia de intención comunicativa.

No obstante, se considera que, si nuestro peque posee intención comunicativa, este factor será muy beneficioso a la hora de estimular y desarrollar su lenguaje oral. Con ella, será mucho más fácil que ponga todos sus esfuerzos en conseguir producir los sonidos que necesita para comunicar lo que pretende.

Consejos y actividades para estimular la intención comunicativa de nuestro peque en casa

* *Focalizar toda nuestra atención en sus intereses:* voy a ser realmente insistente con los intereses del niño a lo largo de este libro. En este caso, además, resulta primordial. Observaremos muy despacio qué es aquello que llama la atención de nuestro peque (da igual lo que sea, lo que de verdad buscamos es su atención) para así tratar de introducirnos en su juego (será válido que, por ejemplo, terminemos lanzando bolas de papel a una caja), porque de esa forma vamos a conseguir que nos pida «más», que imite el sonido «pum» que venimos haciendo cada vez que entra una pelota, que establezca turnos diciendo «tú» y «yo…»

* *Utilizar juegos circulares de interacción:* se trata de una secuencia de acciones repetitivas y agradables para nuestro peque que generamos, por ejemplo, a la hora de hacer cosquillas.

    – *Paso 1:* Construiremos una secuencia similar a esta: «A la de una…», y levantamos las manos; «a la de dos…», y nos acercamos a su tripa; «y a la de… ¡tres!», y en este punto empiezan las cosquillas. Así, estaremos construyendo un juego circular de interacción estupendo. Repetiremos la secuencia hasta que el niño haya adquirido totalmente la dinámica.

aba...

- *Paso 2:* Estableceremos pequeños cortes o alargaremos el tiempo que transcurre entre un paso y otro, buscando con esto que nuestro peque establezca cualquier tipo de conducta comunicativa (una mirada, un gesto o una palabra) para indicarnos que quiere más, que continuemos con el siguiente paso.

* *Romper con la «normalidad»:* es lo que a mí me gusta llamar «jugar a cosas locas». Este juego consiste en modificar otros juegos o rutinas que normalmente hacemos de una determinada manera, para cambiarlos por algo totalmente disparatado. Por ejemplo: ofrecemos a nuestro peque un yogur y un tenedor, guardamos sus coches en la nevera o llamamos a papá con un zapato. Con esto, solo tendremos que esperar y disfrutar de su reacción.

* *Colocar cosas fuera de su alcance:* es necesario tener en cuenta que esta estrategia funciona muy bien, pero no podemos abusar de ella. Sacaremos diferentes objetos de su alcance, en ocasiones puntuales, con el objetivo de que precise de nuestra ayuda para conseguirlos.

Importante: ajustaremos el nivel de exigencia de la situación al desarrollo del lenguaje de nuestro peque (por ejemplo, si colocamos su botella de agua en la estantería y él todavía no dice la palabra «agua», no podremos forzarle a que la diga, sino que le ayudaremos a señalar, a hacer el signo de «agua», a hacer el gesto «dame...»).

* *Ofrecer alternativas:* con preguntas como «¿prefieres coche o bici?» estaremos invitando a nuestro peque a la comunicación. Evitar las preguntas cerradas, cuya respuesta es «sí/no», tales como «¿quieres el coche?», nos abrirá todo un mundo de posibilidades.

Atención conjunta

Utilizamos el término *atención conjunta* para referirnos al momento en el que nuestro peque y su interlocutor (cualquier adulto o niño) comparten su interés por un mismo objeto o evento del entorno. Podremos observar su aparición, aproximadamente, en torno a los seis meses de edad.

Ejemplo: nuestro peque nos muestra un coche y nosotros mostramos nuestra fascinación más absoluta ante él, haciéndole saber que estamos comprendiendo su mensaje y su interés. Cogemos otro coche y lo hacemos rodar. Nuestro peque inmediatamente dirige su atención hacia él. Lo coge y también lo hace rodar.

Pero… ¿por qué es tan importante esto de la atención conjunta para el desarrollo del lenguaje de nuestro peque? Pues bien, la atención conjunta constituye la base sobre la que se establecen los primeros intercambios comunicativos.

Para que podamos hablar de su existencia, nuestro peque tiene que ser capaz de:

* Seguir la dirección de nuestra mirada hacia el objeto que estamos observando.

* Reorientar nuestra atención hacia otro objeto que sea de su interés.

* Respetar los turnos conversacionales a la hora de establecer estos intercambios.

Como ves, todo un complejo mecanismo se pone en marcha en eso que, *a priori*, nos puede parecer una situación de juego más con nuestro peque. En este mecanismo, los prerrequisitos de los que hablábamos anteriormente desempeñan un papel fundamental, puesto que, sin el desarrollo de alguno de ellos, la aparición de la atención conjunta se vería realmente afectada.

Consejos y actividades para estimular la atención conjunta de nuestro peque en casa

* *Caja sorpresa:* esconderemos varios objetos de su interés en una caja, la cerraremos y haremos dos agujeros para que nuestro peque pueda introducir las manos y explorar su interior. Cuando saque uno de los objetos, compartiremos su emoción con él y disfrutaremos jugando juntos.

* *Juego en paralelo:* nos colocaremos al lado de nuestro peque a jugar con algo parecido a lo que él esté usando en ese momento. Si, por ejemplo, está jugando con un coche, cogeremos una moto y comenzaremos a jugar con ella de una forma muy divertida y, por qué no, un tanto exagerada (con movimientos excesivos, enfatizando su sonido, etcétera). Estamos buscando con ello que el peque empiece a interesarse por nuestro juego y se incorpore, poco a poco, a él.

* *Pompas:* las pompas de jabón suelen llamar la atención de la mayoría de los peques. Son estupendas para trabajar la atención conjunta y la intención comunicativa. Cogemos el pompero, hacemos cientos de pompas y disfru-

tamos explotándolas juntos. Cuando ya no quede ni una sola pompa, nos quedaremos inmóviles, como estatuas. Nuestro peque, ante la emoción de seguir disfrutando, se dirigirá hacia nosotros para reanudar la actividad, estableciendo esos pequeños momentos de conexión como la base de la atención conjunta que pretendemos estimular.

* *Enfatizar, exagerar y partir de sus intereses:* serán los tres aspectos clave a la hora de estimular este prerrequisito. Buscar su atención, su motivación y su colaboración requieren de nuestra absoluta predisposición. Ser capaces de detectar los intereses de nuestro peque, de captar su atención y de hacerle atrayente cualquier objeto o actividad, serán las bases sobre las que asentaremos la estimulación de la atención conjunta.

DESARROLLO DEL LENGUAJE

Como hemos visto en el apartado anterior, nuestro peque se comunica con nosotros desde el momento del nacimiento, ya sea a través del llanto, con un gesto o con una simple mirada. Es por esto por lo que, en este punto, me parece primordial que establezcamos la diferencia entre comunicación y lenguaje, antes de analizar (paso a paso) el desarrollo de este último.

* *Comunicación:* se refiere al proceso a través del cual se produce un intercambio de información entre un emisor y un receptor.

* *Lenguaje:* se refiere al código utilizado para establecer esa comunicación. Lo primero que se nos viene a la mente cuando escuchamos la palabra *lenguaje* es el lenguaje oral, el comunicarnos a través del habla, pero lo cierto es que el lenguaje escrito, la lengua de signos (en nuestro caso, la LSE) o el sistema de comunicación por intercam-

bio de imágenes (PECS) son otros códigos a través de los cuales podemos establecer esa misma comunicación.

Y con esto puede surgirnos una última duda. Entonces, ¿lenguaje y habla son lo mismo? No, no son lo mismo, pero definamos este último concepto para poder establecer mejor la diferencia.

El habla se refiere a la expresión verbal del lenguaje, es decir, al conjunto de sonidos utilizados para la transmisión de un mensaje.

Por lo tanto:

* *Podemos tener comunicación con nuestro peque sin que exista lenguaje ni habla:* a través de una mirada o una caricia.

* *Podemos tener comunicación y lenguaje, aunque no exista habla:* con gestos (como señalar), pictogramas o signos.

* *Podemos tener habla y no tener comunicación con nuestro peque:* si nuestro peque es capaz de decir, por ejemplo, «ayuda», pero no lo utiliza de manera funcional.

Presento todas estas definiciones y diferenciaciones por la realidad ante la que me encuentro en consulta. Y es que, en ocasiones, trabajo con familias que consideran que la comunicación y la interacción con su peque no comienzan verdaderamente hasta que surge el lenguaje oral. Al hablar de estos términos y de la diferencia que existe entre ellos, su expresión cambia por completo, y es entonces cuando empezamos a conceder la importancia que se merece a toda la etapa que tiene lugar antes de las primeras palabras.

Para analizar el desarrollo del lenguaje desde el nacimiento hasta los tres años, dividiremos este apartado en dos etapas:

la etapa prelingüística (0-12 meses) y la etapa lingüística (12-36 meses), que se subdivide a su vez en dos fases: la fase holofrásica (12-24 meses) y la fase sintáctica (24-36 meses).

En cada una de ellas, para hacer más sencilla la lectura y el seguimiento, analizaremos tres apartados: el desarrollo expresivo, el desarrollo comprensivo y consejos y actividades para estimular en casa.

Etapa prelingüística (0-12 meses)
El desarrollo expresivo en la etapa prelingüística

En esta etapa encontramos una clara secuencia evolutiva por la que podemos establecer una subdivisión en cuatro fases:

* *Fase 1.* Vocalizaciones reflejas y gorjeo (0-3 meses). En esta primera fase, nuestro bebé principalmente se comunica a través del llanto y empieza a producir sonidos guturales, es decir, producidos con la parte más posterior de la boca (con la garganta, para que nos entendamos).

* *Fase 2.* Juego vocal (3-6 meses). Las vocalizaciones comienzan a ser más definidas y ya podemos diferenciar en ellas distintos sonidos. Además, nuestro peque empezará a probar y a jugar con esos sonidos, iniciándose con ello en la formación de las primeras sílabas (*ga/pa/ta...*).

* *Fase 3.* Balbuceo reduplicativo o canónico (6-9 meses). Esta es la fase más importante en el desarrollo de la etapa prelingüística. En ella, nuestro peque produce combinaciones de sonidos vocálicos y consonánticos con las que construirá cadenas silábicas duplicadas, de forma repetida (por ejemplo, «pa-pa-pa-pa» o «ta-ta-ta-ta»).

El desarrollo o no del balbuceo canónico será uno de los indicadores que más información nos dará acerca de la evolución que sigue el lenguaje de nuestro peque en estos primeros meses de vida.

* *Fase 4.* Balbuceo no reduplicativo (9-12 meses). Es la última fase antes de la aparición de las primeras palabras. En ella, aparecerán diferentes combinaciones de sonidos y nuestro peque tratará de que se asemejen, lo máximo posible, a los sonidos producidos en su contexto.

  En esta fase podremos observar también cómo surgen los protoimperativos, es decir, esos actos comunicativos prelingüísticos (como puede ser que el niño señale) que tienen como objetivo la consecución de un objeto o evento (por ejemplo, su pelota), y los protodeclarativos, aquellos actos comunicativos que nuestro peque lleva a cabo con la intención de compartir la atención del adulto sobre el objeto o evento que señala (por ejemplo, cuando nos lleva hacia la pelota para que juguemos juntos).

Además, en esta etapa, en la que la comunicación no verbal tiene tantísimo peso, tener en cuenta la importancia que suponen otras vías de comunicación nos resultará de gran ayuda en el desarrollo del niño. Me refiero al uso de imágenes o signos utilizados para facilitar las interacciones hasta que el lenguaje oral del niño le permita expresarse por completo de esta manera.

Si acompañamos nuestras palabras de signos o imágenes desde sus primeros meses de vida, nuestro peque será capaz de asociar cada concepto con su representación y, antes de emitir sus primeras palabras, será capaz de comunicarse imitando los signos o señalando las imágenes con las que se ha ido familiarizando durante los meses anteriores.

pelota...

Seguro que a estas alturas ya has oído hablar del *Baby Sign*, ¿verdad? Si no es tu caso, te cuento: como su propio nombre indica, se trata de la lengua de signos para bebés, es decir, un método basado en signos que permite la comunicación con nuestro pequeño desde edades muy tempranas. Al proceder de Estados Unidos, sus signos se basan en la lengua de signos norteamericana y, con ellos, se representan palabras aisladas del vocabulario cotidiano del niño («agua, pan, mamá, pelota…»), de manera que estas permitan una comunicación funcional entre la persona signante y el bebé.

Muchas familias, en consulta, me preguntáis: «Bea, pero ¿se trata de una moda más?». Lo cierto es que no, en absoluto; el *Baby Sign* no es más que una opción dentro de las diferentes modalidades que existen basada en los grandes beneficios que aporta utilizar otros sistemas de comunicación. Entre estos beneficios, me gustaría resaltar:

*   *Favorece el desarrollo del lenguaje:* lejos de lo que podríamos llegar a pensar, el uso de signos como sistema complementario de comunicación con nuestro peque favorece la adquisición del lenguaje. Acompaña siempre el signo de la palabra oral y, de esta manera, estimularás la comunicación de tu peque en ambos niveles.

*   *Reduce la frustración:* cuando un niño necesita transmitir un mensaje determinado (algo que quiere, que siente o que ha vivido) y no tiene las palabras para hacértelo saber, esto desencadena en él una frustración que podríamos evitar si nuestro peque dispusiera de los signos necesarios desde edades tempranas.

*   *Fortalece el vínculo afectivo:* la posibilidad de comunicaros desde los primeros meses de vida genera una complicidad especial entre el pequeño y su signante.

El desarrollo comprensivo en la etapa prelingüística

Aunque hayamos hablado primero de la expresión del niño a esta edad, lo cierto es que, en el desarrollo, la comprensión tiene lugar antes que la expresión. En muchos talleres y conferencias me gusta hablar incluso de la comprensión como prerrequisito del lenguaje, para así dar a este ámbito la importancia que merece.

Por lo tanto, si nuestro objetivo es que nuestro peque hable, primero tendremos que asegurar el desarrollo de su lenguaje comprensivo.

Lo esperable al inicio de esta etapa, es decir, en los primeros meses de vida del bebé, es que en el plano comprensivo manifieste su desarrollo a través de respuestas fisiológicas y sensoriales: a través de la vista, buscando a la persona que habla (cuando rastrea todo el lugar hasta encontrarte); a través de la audición, reaccionando ante sonidos fuertes, voces familiares, etcétera; con la expresión de su rostro (cuando te sonríe al escucharte); con cambios en su ritmo respiratorio y cardiaco (cuando notas que, al hablarle, estos son más lentos), y, poco a poco, con la incorporación de los sonidos que comentábamos en el apartado anterior (cuando empiezan esas maravillosas primeras conversaciones entre vosotros).

Alrededor de los seis meses, el bebé empezará a entender nuestros gestos, aquellos sencillos y cotidianos, que repitamos con más frecuencia: gestos como los de «hola», «adiós», «ven» o «mira», y actuará en consecuencia.

A partir de los nueve meses, empezaremos a ver cómo nuestro peque empieza a señalar para indicar lo que quiere o para compartir algo que le interesa, y utilizará la mirada con esta misma función comunicativa. Empezará también a hacer sus primeros gestos, sus primeros signos, y utilizará toda la comunicación no verbal posible para hacerse entender e interactuar con el entorno.

Además, a esta edad también comprende el significado de «no» y es capaz de detener la acción que esté llevando a cabo. De esta misma manera, reconoce e identifica palabras sencillas y frecuentes en nuestro día a día («agua, dame, pan, leche, pelota...») y, progresivamente, irá aumentando su repertorio de palabras hasta contar con un vocabulario suficiente como para empezar a «poner voz» a todos esos conceptos.

Consejos y actividades para estimular la etapa prelingüística de nuestro peque en casa

* *¿Has oído hablar del «baby-talk»?* El *baby-talk* (en castellano, «habla infantil») es un subcódigo lingüístico que empleamos la mayoría de los adultos, de forma innata y espontánea, para comunicarnos con los bebés y los niños pequeños. Esta manera de transmitir la información reúne las siguientes características:

    1. Hablar despacio e incluir más pausas.

    2. Cuidar la pronunciación de las palabras.

    3. Utilizar frases cortas y sencillas.

    4. Introducir variaciones melódicas en el discurso.

    5. Usar muchos gestos y hacer referencias al contexto.

    6. Poner el énfasis en lo importante y hacer hincapié en ello en varias ocasiones.

    Las últimas investigaciones[2] nos demuestran que, utilizando estas estrategias, los bebés y los niños más pequeños prestan más atención a su interlocutor, captan mejor el mensaje que se les transmite y lo incorporan con mayor facilidad a su repertorio.

* *Acercarnos a nuestro bebé y tratar de establecer contacto ocular:* ya sabemos lo importante que es que nuestro peque nos mire a los ojos, así que, siempre que nos dirijamos a él, intentaremos que nuestras miradas se encuentren.

* *Repetir sus emisiones:* es algo que solemos hacer de manera espontánea. Si nuestro peque, por ejemplo, dice «ta-ta-ta-ta», nuestra respuesta suele ser algo así como «¡claro que sí!, ¡ta-ta-ta-ta!». De esta forma, el bebé recibe un *feedback* sobre sus producciones que aumentará su motivación y será mucho más probable que sus emisiones se repitan.

* *Interpretar su mensaje:* en muchas ocasiones, nuestro peque emitirá sonidos sin ningún significado para nosotros, pero somos los encargados de atribuirles este significado. Por ejemplo, si nuestro peque, dice «pa-pa-pa-pa», nuestra interpretación espontánea será: «¡Clarooooo! ¡Papá!», «Llama a papá», «Papáááá».

* *Responder, siempre que podamos, de forma inmediata:* de este modo, asentaremos las bases de los turnos de conversación que, más tarde, utilizaremos a la hora de comunicarnos con él.

* *Utilizar canciones:* incluyendo gestos en ellas, para que así nuestro bebé pueda participar e imitarnos.

* *Adaptar el entorno:* permitiendo el movimiento y la exploración de nuestro peque, provocaremos un mayor número de oportunidades de aprendizaje y conocimiento del mundo que nos rodea.

* *Si nuestro peque no señala (a partir de los nueve meses):* cuando nos lleve de la mano hacia algo que quiere o necesita, cogeremos su mano y la moldearemos ayudándole a adquirir la posición. Nos acercaremos hasta el objeto y lo tocaremos con su dedo índice, emitiendo al mismo tiempo el nombre del elemento (por ejemplo, «coche»).

Una vez realizado esto, inmediatamente le proporcionaremos aquello que quiere, para que sea capaz de establecer la asociación causa-efecto, es decir, de comprender la relación que hay entre la conducta (señalar) y la consecuencia (el coche).

Poco a poco, a medida que vayamos viendo que ha interiorizado este primer paso, iremos aumentando la distancia desde la que señalamos.

Etapa lingüística

En la etapa lingüística, hasta los tres años, podemos distinguir dos fases, la holofrásica y la sintáctica.

Fase holofrásica: primeras palabras (12-24 meses)

El desarrollo expresivo en la fase holofrásica

A partir de los doce meses, nos adentramos por completo en la etapa lingüística, esa que tanto anhelamos. Esa que tantas ganas tenemos de alcanzar. Y es que, aunque ya hemos escuchado la voz de nuestro peque antes, en esta nueva etapa su mensaje ya tendrá un contenido. Un contenido cargado de cariño que llega a nuestros oídos en forma de «mamá» o «papá». O en forma de «brum-brum», demostrándonos que empieza a poner nombre al mundo que le rodea. O en forma de «más» para indicarnos lo muchísimo que está disfrutando a nuestro lado.

Todas estas onomatopeyas y primeras palabras, como te digo, empezarán a surgir alrededor de los doce meses, si nos guiamos por lo que nos indica la teoría. Si bien es cierto que la práctica, y la realidad que observo en consulta, es otra muy diferente. Hay peques que hasta los dieciséis, diecisiete o dieciocho meses no emiten sus primeras palabras referenciales y que, a partir de ahí, experimentan un desarrollo del lenguaje siguiendo los parámetros que nos indican lo esperado a cada edad.

Es por esto por lo que, tras años de observación y experiencia, he llegado a considerar ya no solo este dato, sino los parámetros del desarrollo en general, con cierta flexibilidad. Porque, de no hacerlo, estaríamos desconsiderando los diferentes ritmos de desarrollo de los niños y porque, en muchas ocasiones, el aferrarse a los datos solo trae un sufrimiento totalmente innecesario a las familias. Sufrimiento que nos sumerge en un bucle de preocupaciones e inseguridades que el niño capta, absorbe y hace suyas, convirtiéndose en la rueda que nunca deja de girar:

Estoy muy preocupado porque mi hijo no habla. → *Busco cualquier momento para estimular su lenguaje.* → *«Venga, cariño, ¿a ver cómo es? Roo-joo, too-maa-tee».* → *Transmito la preocupación a mi peque.* → *Él percibe y absorbe las sensaciones como si de una esponjita se tratara.* → *Genero rechazo y frustración hacia el lenguaje por la continua insistencia, limitando y frenando así el desarrollo del lenguaje de mi peque.* → *Directamente vuelvo al inicio de esta secuencia, introduciéndome de lleno en esa rueda.*

Por lo tanto, he construido mi propia teoría, en la que estableceremos como *suelo* que a partir de los doce meses surgen las primeras palabras referenciales, pero también estableciendo como *cielo* que hasta los dieciocho meses puede tener lugar su aparición, y esto seguiría estando bien.

No obstante, para poder determinar que han surgido estas primeras palabras, debemos considerar los siguientes tres requisitos.

Balbuceo versus palabras referenciales

Podremos considerar que han surgido las primeras palabras de nuestro peque cuando estas sean referenciales, es decir, cuando tengan un significado, un contenido, por así decirlo.

Trataremos de no confundir el balbuceo reduplicativo que se producía en la etapa prelingüística, cuando nuestro peque nos miraba y nos decía ese «ma-ma-ma-ma» que tan bien sonaba, con el momento en el que sí surja la palabra referencial con la que se refiera a ti con su primer «mamá».

Estas palabras no tienen que ser perfectas

En esta fase inicial de adquisición del lenguaje, la articulación (o lo que es lo mismo, la pronunciación del niño) no tiene la importancia que poseerá más adelante.

En este punto, el niño empezará a emitir sus primeras palabras tratando de imitar los modelos de su entorno, por lo que es completamente lógico que le lleve algunos meses de entrenamiento producir las palabras completas.

Así, para considerar que se trata de una palabra referencial, el único requisito que debe cumplir en este sentido es que la forma de la palabra sea consistente y asociada a su significado: por ejemplo, si nuestro peque dice «tote» para referirse a un coche, siempre tiene que emitir ese sonido para referirse al coche. No estaríamos ante la misma situación si el peque utilizara «ta» para referirse a mamá, a la pelota, al agua, para decir que sí…, puesto que en este caso el sonido no está asociado a un significado concreto.

Aunque, como ya comentaba, no es necesario que la palabra sea perfectamente articulada, sí que tiene que guardar cierta relación con la forma de la palabra que desea transmitir. Por ello, aunque nuestro peque emitiera siempre «ta» para referirse al coche, no podríamos considerarlo como una palabra referencial adquirida.

Las onomatopeyas cumplen la misma función que las palabras

Este es un aspecto muy importante que la mayoría de las veces pasamos por alto. Recibo a diario familias que acuden a mi consulta muy preocupadas porque su hijo no habla, pero cuando tratamos este punto, en muchas ocasiones todos esos fantasmas desaparecen de golpe.

Y es que, por lo general, no solemos conceder a las onomatopeyas la importancia que merecen. Las onomatopeyas son palabras formadas a partir de la imitación de un sonido: por ejemplo, «tic-tac» se construye a partir del sonido de las manillas de un reloj, «muuuuu» a partir del mugido de una vaca o «brum-brum» a partir del motor de un coche, pero cumplen la misma función que una palabra.

Al final, una palabra no es más que un conjunto de sonidos X (por ejemplo, «reloj») asociados a un significado Y (en este caso, «instrumento capaz de medir, mantener e indicar el tiempo en unidades convencionales»). En las onomatopeyas, seguimos teniendo un conjunto de sonidos Z («tic-tac») asociado a ese mismo significado Y.

*brum...
brum...*

Así que sí, a la hora de contemplar si nuestro peque ha comenzado a emitir sus primeras palabras o no, tendremos también en cuenta sus onomatopeyas.

Pero ¿por qué se llama *fase holofrásica*? Por *holofrase* entendemos el uso de una sola palabra para transmitir la idea que contiene toda una frase. Así, cuando nuestro peque dice «aba», en realidad lo que transmite es «mamá/

papá, quiero agua». Esta etapa tendrá lugar desde los doce hasta los veinticuatro meses de vida, edad a la que ya empiezan a aparecer formulaciones más elaboradas.

El desarrollo comprensivo en la fase holofrásica

Nuestro peque inicia esta etapa reconociendo ya ciertas palabras, lo que le permite señalar o buscar elementos cuando se los nombramos. Progresivamente, este repertorio se irá ampliando: acompañaremos a nuestro peque en el fascinante descubrimiento de las partes de su cuerpo (en esta etapa, será capaz de responder a la pregunta «¿y tu boca?, ¿dónde está tu boca?»), comprenderá órdenes sencillas («dame», «toma», «ven…»), y será capaz de seguir gestos en canciones y reconocer imágenes sencillas.

La evolución en esta etapa te dejará con la boca abierta. La iniciamos con la comprensión de tan solo algunos elementos y, al finalizarla, nuestro peque será capaz de desenvolverse con total soltura en la mayor parte de las rutinas y situaciones cotidianas. Aprovecha su curiosidad para poner nombre a los objetos, a las emociones y a los procesos; su interés hacia los cuentos también nos abrirá un camino muy importante para darle a conocer el mundo que nos rodea; y vuestras interacciones con otros niños o adultos le proporcionarán la exposición que necesita para adquirir conocimiento sobre el mismo.

Algunos consejos y actividades para estimular la etapa holofrásica de nuestro peque en casa son:

* *Colocarnos a su altura y establecer contacto ocular:* ya sabemos la importancia que tiene la conexión que establecemos con el niño en el desarrollo de su lenguaje, por lo que, a la hora de estimular la aparición de sus prime-

ras palabras, será imprescindible que siempre cuidemos este aspecto.

* *Exagerar nuestra entonación:* recuerda las características del *baby talk* (hablar despacio, incluir variaciones melódicas, cuidar la pronunciación de las palabras, etcétera), que nos permitirá captar la atención de nuestro peque, lo que facilitará la imitación y la adquisición del lenguaje.

* *Utilizar apoyos visuales:* fotos, dibujos, objetos, signos, gestos…, todo el atrezo disponible será bienvenido. Con él, estaremos haciendo que la labor de asociar sonidos con significados sea mucho más sencilla para el niño.

* *Generar curiosidad o necesidad:* la motivación dirigirá y mantendrá la conducta de nuestro peque hacia la comunicación, por lo que nuestro primer objetivo siempre será mantener motivado al niño.

  Si, por ejemplo, guardamos en una caja diferentes elementos y creamos curiosidad con ella (la abrimos un poquito, miramos y le decimos: «¡Guaaaau! ¡No sabes la de cosas chulas que hay aquí dentro! ¿Quieres que vayamos descubriéndolas juntos?», será muy diferente a si colocamos esos mismos elementos en una mesa, los vamos nombrando y pedimos a nuestro peque que los repita.

* *La importancia de los silencios:* en la estimulación del lenguaje en general, son fundamentales. Muchas veces pensamos que, cuanto más hablemos a nuestro peque, mucho mejor estaremos realizando esta estimulación, pero esto tiene sus beneficios en etapas posteriores.

  A la hora de estimular las primeras palabras, resultará mucho más beneficioso utilizar frases cortas, poniendo el énfasis en las palabras objetivo y respetando los silencios. De no existir estos últimos, no estaremos dando al niño la oportunidad de imitar o reproducir algún sonido; simplemente se limitará a que le vengan dados del entorno.

* *Hacer más comentarios que preguntas:* centremos nuestros esfuerzos en aportar información (denominando, describiendo o narrando lo que vemos o lo que sucede) más que en solicitar información («¿esto qué es?», «¿y cómo hace?», «¿de qué color es?»). Con esto último, muchos peques se sienten evaluados y solo conseguimos el efecto contrario al que pretendemos.

* *Evitar el uso de diminutivos:* a la hora de hablar, evitaremos usar diminutivos como «casita», «osito» o «agüita». Como ya hemos comentado anteriormente, nuestro peque trata de imitarnos y, si lo hace con este tipo de palabras, corremos el riesgo de que todo su lenguaje se reduzca a «ito» o «ita» (siempre será más sencillo que imiten la última sílaba de las palabras), por lo que será muy difícil comprender lo que desea transmitir.

* *Tipos de palabras:* a la hora de elegir nuestras «palabras objetivo» hay tres características que debemos tener en cuenta:

  1. *Palabras cortas:* será mucho más sencillo para nuestro peque imitar o reproducir palabras de, como máximo, dos sílabas («papá, vaca, coche…»).

  2. *Palabras funcionales:* como su propio adjetivo nos indica, que tengan una función, un significado en nuestro día a día («dame, más, mira, ven…»).

  3. *Palabras de su interés:* sin duda, la característica más importante de todas. De poco nos sirve empezar trabajando, por ejemplo, los colores si a nuestro peque lo que le encantan son los transportes. Será mucho más fácil que trate de imitar todas las palabras que

giren en torno a su centro de interés (en este caso, los transportes) que cualquier otra palabra que reciba del entorno.

* *No todas las palabras que digamos serán «palabras objetivo»:* empezaremos eligiendo cuatro o cinco palabras que reúnan estas características (o, al menos, dos de ellas) para empezar a estimular y, a medida que veamos que nuestro peque las va adquiriendo, incorporaremos palabras nuevas de forma progresiva y natural.

* *Técnicas:* una vez que tenemos seleccionadas las palabras que queremos estimular y sabemos qué factores facilitan la adquisición del lenguaje de nuestro peque, nos falta conocer qué estrategias podemos implementar.

   1. *Dar significado:* con esta técnica, aprovecharemos los sonidos que emite nuestro peque para darles un significado dentro del contexto que estemos viviendo. Por ejemplo, si el niño dice «ah, ah» mientras realiza gestos para alcanzar el agua, nosotros daremos sentido a esas emisiones, aunque en principio no tengan ninguna función concreta por su parte más que llamar nuestra atención: «Ah… ¡El agua! ¡Quieres agua!». Cuando los niños ven que les entendemos, que obtienen lo que desean a través de los sonidos que han emitido, su motivación se ve reforzada y será mucho más probable que vuelvan a repetirlos en situaciones futuras similares.

   2. *Corrección indirecta:* esta técnica es parecida a la anterior, pero en esta ocasión, nuestro peque emite un sonido con intención. Por ejemplo, viendo un cuento, el niño señala un coche y dice «¡oe!». Nuestra misión en este caso será responder a nuestro peque

con una corrección natural de su emisión: «¡Sí! ¡Un coche!». De esta forma, le ofrecemos el modelo correcto de la palabra sin hacer hincapié en el «error» (evitaremos siempre frases como «no, no se dice "oe", se dice "coche". A ver, repite conmigo, "coooocheee"») y, además, reforzamos su emisión haciéndole ver que hemos captado el mensaje que él deseaba transmitir.

3. *Preguntas de alternativa forzada:* con este tipo de preguntas, estaremos dando el modelo de palabra que nuestro peque tiene que reproducir para ofrecer una respuesta. Lo vemos mejor con un ejemplo de alternativa forzada: «¿Quieres agua o leche?». Cuando damos a elegir entre dos opciones, el niño tiene el modelo de las dos palabras, por lo que le resultará mucho más fácil imitar o reproducir la adecuada para poder transmitir su elección.

Para facilitar todavía más la tarea, en el momento en el que planteemos la pregunta, colocaremos en nuestras manos los elementos que representen las dos opciones (en este caso, una botella de agua y una botella de leche). Al formular la pregunta, elevaremos la mano que corresponda a la palabra que digamos: «¿Quieres agua…?» (y movemos la mano en la que tenemos el agua) «¿… o leche?» (moviendo la mano en la que tenemos la leche). Así, el niño asocia la palabra con el elemento al que estamos haciendo referencia, facilitamos su comprensión y, al mismo tiempo, su expresión.

* *Preguntas abiertas:* por último, las preguntas abiertas ofrecen la posibilidad al niño de responder libremente: «¿Y qué hacemos ahora?». Habrá veces en las que, si todavía no está preparado, no responderá ante ellas, pero otras

veces nos dejará realmente sorprendidos. Si todavía no está preparado, no abuses de ellas; empieza utilizando las tres técnicas anteriores y, poco a poco, ve incorporando estas preguntas a medida que veas que su repertorio de palabras aumenta.

Fase sintáctica: primeras combinaciones (24-36 meses)

Hasta ahora, nuestro peque se comunicaba gracias a su imitación, que le permitía reproducir vocalizaciones similares a las nuestras y los gestos o signos que nosotros utilizábamos, y poco a poco ha ido ampliando su repertorio de sonidos y produciendo sus primeras palabras.

El desarrollo expresivo en la fase sintáctica

Alcanzamos los veinticuatro meses y, cada día, la evolución en el desarrollo del lenguaje de nuestro peque nos sorprende más. Su vocabulario, a esta edad, suele estar compuesto aproximadamente por unas cincuenta palabras y ya es capaz de relacionarse con el mundo que le rodea a través del lenguaje. Puede decirnos lo que quiere, lo que necesita, contarnos lo que hace, compartir con nosotros lo que ve… Sin duda, se trata de una etapa fascinante en el desarrollo de nuestro peque.

Lo más representativo de esta etapa será, por un lado, la aparición de las primeras combinaciones de palabras y, por otro, su característica habla telegráfica:

* *Primeras combinaciones de palabras:* al inicio de esta etapa, observaremos cómo nuestro peque empieza a combinar (de dos en dos) las palabras que ya era capaz de expresar en la fase anterior: «mamá, ven», «papá, mira», «dame agua», «coche rojo…» Estos son solo algunos ejemplos de las combinaciones iniciales más frecuentes en esta etapa.

* *Habla telegráfica:* a modo de telegrama, nuestro peque utilizará principalmente palabras de contenido para expresar su mensaje: sustantivos, adjetivos y verbos, principalmente en infinitivo. Esto no significa que no pueda emitir otro tipo de palabras; son muy frecuentes también los adverbios de lugar («ven aquí»), de cantidad («quiero más»), de negación («agua no»)... Además, poco a poco irá incorporando otros elementos, pero no será hasta el final de esta etapa cuando sus producciones se caractericen por contener tres elementos y la conjugación de sus verbos («mamá, quiero agua»).

Como referencia, llegados a la mitad de esta etapa (en torno a los treinta meses), el niño ya posee un vocabulario de, aproximadamente, trescientas palabras y, al finalizar esta (en torno a los treinta y seis meses), su repertorio de palabras ronda los mil vocablos. Como siempre digo, tengamos en cuenta los datos referenciales, pero con flexibilidad; no con la idea de ir anotando cada una de las palabras que emite nuestro peque ni obsesionándonos por cuantificarlas, pero sí teniendo presente que en este periodo se produce una gran explosión de su vocabulario (50-1.000 palabras).

Finalmente, en el plano expresivo, tendremos en cuenta que la articulación del lenguaje (es decir, la pronunciación) sigue sin ser la protagonista de esta etapa, pero ya tenemos presente su evolución:

mama, quiero agua...

* Hasta los tres años, consideraremos el lenguaje como un gran saco que tenemos que llenar con contenido, por lo que nuestro objetivo será ir llenando ese saco a base de palabras nuevas. No obstante, durante esta etapa se producirá la adquisición de la mayoría de los sonidos de nuestro idioma, por lo que también tendre-

mos presente este indicador a la hora de valorar la evolución del lenguaje de nuestro peque.

✱ A partir de los tres años (voy un poco más allá de la franja de edad que corresponde a este libro, pero me parece importante que sepamos esto), sí concederemos importancia a la forma en la que el niño dice las palabras, a la articulación de los sonidos; pero si a esta edad nuestro peque no tiene el repertorio de palabras que le corresponde, dedicarnos a que diga, por ejemplo, el sonido /s/ sería como empezar la casa por el tejado.

Puedes ver el cuadro de adquisición de sonidos para saber a qué edad corresponde la adquisición de cada uno de ellos que se encuentra en la página 55.

Por lo tanto, todos nuestros esfuerzos en esta etapa irán dirigidos hacia la adquisición de vocabulario y hacia la combinación de palabras, pero teniendo en cuenta que, si nos resulta muy difícil entender a nuestro peque (porque solo es capaz de producir uno, dos o tres sonidos), debemos contactar con un profesional que evalúe nuestro caso en concreto.

El desarrollo comprensivo en la fase sintáctica

En este nivel, y a esta edad, casi todas las familias que acuden a consulta coinciden en la misma descripción del lenguaje comprensivo de su peque: «Bea, es que lo comprende todo», «No se le escapa ni una», «Es que, aunque no estemos hablando directamente con él, se entera perfectamente». Te suena, ¿verdad?

Así es, nuestro pequeño «adulto» empieza a manejar el lenguaje: identifica y reconoce el vocabulario cotidiano (personas, acciones, adjetivos, animales, lugares, etcétera), comprende frases sencillas («voy a coger la pelota») e incluso consignas que relacionan dos elementos («pon la pelota en el suelo»).

Además, durante esta etapa será capaz de responder a preguntas con las partículas interrogativas: *¿qué?* (referida tanto a objetos, «¿qué es?», como a acciones, «¿qué hace?»), *¿quién?* («¿quién es?») y *¿dónde?* («¿dónde está la pelota?»). No te preocupes si tu peque no responde a las partículas *¿cómo?* y *¿por qué?*, pues corresponden a una etapa posterior.

Finalmente, en este periodo también veremos cómo nuestro peque empezará a manejar los conceptos opuestos básicos (*arriba/abajo, grande/pequeño, dentro/fuera…*) y mostrará especial interés, por un lado, hacia el uso de los objetos y, por otro, hacia los porqués de las diferentes situaciones vividas. Es una etapa fascinante en la que, en más de una ocasión, nuestro peque nos pondrá entre la espada y la pared, pero, al mismo tiempo, nos hará plantearnos cosas que nunca antes nos habíamos parado a pensar.

Y es que pocas cosas hay tan maravillosas como ver la vida desde los ojos de un niño.

Consejos y actividades para estimular la etapa sintáctica de nuestro peque en casa

*   *Su mejor ejemplo:* no podemos olvidar que todos los consejos que hemos visto en etapas anteriores serán igualmente válidos a la hora de estimular el lenguaje de nuestro peque en esta etapa. Cuidaremos la pronunciación de las palabras, hablaremos a un ritmo normal (ni muy lento ni muy rápido), seguiremos evitando el uso de diminutivos, estructuraremos bien nuestras frases, etcétera. Siempre serán aspectos muy importantes, pero en estos primeros años en los que tiene lugar la adquisición del lenguaje, serán especialmente relevantes.

★ *Primeras combinaciones:* utilizamos los apoyos visuales (dibujos, pictogramas, fotos, signos, etcétera) para representar la estructura de la combinación de dos palabras y así facilitar su producción.

Coche + Rojo

★ *Bandejas sensoriales:* llenamos una bandeja con cualquier cosa que tengamos en casa (arroz, espuma, agua y colorante…) e introducimos en ella objetos, fotos nuestras, juguetes o cualquier cosa con la que podamos estimular el lenguaje de nuestro peque. Es una actividad que les encanta, y el simple hecho de encontrar el objeto, foto o juguete, le anima a la producción o imitación del sonido. Aprovecha esta motivación para denominar el elemento y combínalo con alguna característica o palabra (por ejemplo, «¡hola, perro!»).

★ *Crear nuestro ritual en torno a un cuento:* solo si estos forman parte de su centro de interés. En el caso de que así sea, un rincón con cojines y almohadas, una lámpara a nuestro lado, incluso una música suave de fondo será nuestro momento. El objetivo, en esta y en todas las actividades, es que nuestro peque ni tan siquiera aprecie que estamos tratando de estimular su lenguaje, por lo que fuera prisas, fuera presiones…, necesitamos disfrutar del momento.

★ *Clasificar:* clasificamos objetos en función de un color, de un tamaño, de una forma… Esto, de forma muy divertida, nos servirá de excusa para ir nombrando los diferentes elementos que encontremos. Por ejemplo: «¡Venga, peque! Vamos a buscar todas las cosas azules que encontremos por casa: la botella, la pelota, ¡tu abrigo! Corre, corre, vamos a buscarlas… ¿Qué más se te ocurre?».

* *Utilizar las rutinas:* para estimular el lenguaje, no necesitamos el material perfecto ni el último juego de moda, tan solo plantear nuestras rutinas del día a día de forma divertida. Por ejemplo, poner la lavadora clasificando los colores como en la actividad anterior, imitando sonidos a la hora del baño (del agua, del jabón, del pato de goma…) o desmenuzando la merienda en pequeños trozos para que nuestro peque tenga que pedir «más» o decir «dame». Las posibilidades son infinitas.

* *Comprensión de preguntas:* tratamos de familiarizar a nuestro peque con las partículas interrogativas que corresponden a esta etapa: «¿Qué es…?», «¿qué hace…?», «¿quién es…?» y «¿dónde está…?». Si nos comprende, aunque la respuesta no se transmita a través del lenguaje oral, sabemos que en este nivel no hay dificultades. Si no tenemos claro si nos comprende o no, debemos ayudarle con apoyos visuales (por ejemplo, ante la pregunta «¿quién es papá?», que pueda elegir entre dos fotos), para asegurar así su comprensión.

* *Técnicas:* además de las que empleábamos en la etapa anterior, añadimos estas dos nuevas técnicas a nuestro repertorio y las tenemos muy presentes a la hora de llevar a cabo cualquier interacción con nuestro peque.

    1. *Expansión:* con esta técnica, devolvemos el enunciado de nuestro peque mejorando y ampliando su estructura. Por ejemplo, si dice «coche» señalando su juguete, le ofreceremos el modelo correcto de la

estructura que tendría que utilizar en ese caso: «¡Ah! ¡Quiero el coche!».

2. *Extensión:* con ella, añadiremos nueva información a la transmitida por nuestro peque. Por ejemplo, si dice «bebé llora», estructuraremos su oración y añadiremos un comentario adicional, como podría ser: «El bebé está llorando; ¡tiene hambre!».

Adquisición de los fonemas según la edad

Aunque, como te decía, la articulación de los sonidos corresponde a etapas posteriores a las que aquí tratamos, me parece sumamente importante tener una referencia muy básica sobre las edades a las que tiene lugar la adquisición de los diferentes fonemas de nuestro idioma, tanto vocálicos como consonánticos.

EDAD	SONIDOS						
2 AÑOS	a	e	i	o	u		
3 AÑOS	p	t	k	b	d	g	m
	n	ñ	ch	l	f	j	ll
	s	z	ia	io	ie	ua	ue
	ui	ei					
4 AÑOS	r suave	pl	bl	au			
5 AÑOS	r fuerte	fl	cl	gl	br	pr	fr
	cr	gr	dr	tr			

Fuente: Susanibar, F., A. Dioses y J. Castillo, «Evaluación de los Trastornos de los Sonidos del Habla - TSH», en *Trastornos del habla: de los fundamentos a la evaluación*, EOS, Madrid, 2016.

Las edades que aparecen en la tabla son aquellas a las que, como muy tarde, tienen que haber surgido. En ocasiones, puede dar lugar a confusión, puesto que interpretamos que se trata de la edad a partir de la cual se produce esa adquisición, cuando en realidad se trata de todo lo contrario.

SEÑALES DE ALERTA

A continuación, recojo, de manera muy esquemática, los signos y señales que, durante el desarrollo de nuestro peque, nos pueden indicar que algo no va bien en lo que al lenguaje se refiere.

Tendremos en cuenta, por supuesto, los diferentes ritmos de aprendizaje y desarrollo con los márgenes y periodos en los que nos movemos para no preocuparnos antes de tiempo, pero tampoco debemos dejar pasar la oportunidad de que nuestro peque reciba la atención y la ayuda que necesita.

EDAD	SEÑALES DE ALERTA
6 MESES	**Si nuestro peque…** – No emite vocalizaciones. – No balbucea. – No reacciona ante los sonidos. – No sonríe ante la voz de mamá/papá.
1 AÑO	**Si nuestro peque…** – No comprende palabras familiares. – No responde a su nombre. – No dirige la mirada a la persona que le habla. – No produce sonidos con intención comunicativa. – +18 meses: no han surgido las primeras palabras referenciales.

2 AÑOS	**Si nuestro peque...** - No tiene un vocabulario mínimo de veinte palabras (aunque, por lo general, a esta edad un peque maneja unas cincuenta palabras). - No empieza a combinar palabras de dos en dos. - No comprende instrucciones sencillas («dame la pelota»). - En casa, no comprendemos nada de lo que intenta decir.
3 AÑOS	**Si nuestro peque...** - No hace combinaciones de más de dos palabras. - No comprende preguntas sencillas. - No ha aumentado su vocabulario significativamente. - Las personas de nuestro entorno no comprenden lo que dice. - No es capaz de articular algunos de los sonidos que corresponden a esta edad. *Para más información, ver tabla de la página 55.*
4 AÑOS	**Si nuestro peque...** - No construye oraciones de cinco o más elementos. - No comprende instrucciones o preguntas complejas. - No utiliza el lenguaje para expresar necesidades, sentimientos y emociones. - No es capaz de articular algunos de los sonidos que corresponden a esta edad. *Para más información, ver tabla de la página 55.*
5 AÑOS	**Si nuestro peque...** - No mantiene una conversación muy similar a la de los adultos. - No tiene un lenguaje organizado, es decir, no es capaz de contar una historia. - No utiliza el lenguaje para contar experiencias o situaciones. - No es capaz de articular algunos de los sonidos que corresponden a esta edad. *Para más información, ver tabla de la página 55.*

CUANDO CONVIVE MÁS DE UN IDIOMA

Cuando nos planteamos la posibilidad de que nuestro peque crezca en un entorno en el que convivirá con más de un idioma, a largo plazo no tenemos dudas. Todos sabemos las ventajas personales, sociales, cognitivas o laborales que puede aportar a una persona el poder manejarse con soltura en más de una lengua.

Pero, a corto plazo, creo que es inevitable que se nos pasen por la cabeza preguntas como: «¿esto afectará al desarrollo del lenguaje de mi hijo?», «¿empezará a hablar más tarde?», «¿y si veo que no empieza a hablar?», «¿quitamos uno de los idiomas?» o «¿quizá sea mejor empezar asegurando el desarrollo del lenguaje en castellano para después introducir el siguiente?».

Para resolver estas dudas, vamos a hablar y a centrarnos en el bilingüismo, pero toda esta información será igualmente aplicable cuando coexistan más de dos idiomas.

¿Qué es el bilingüismo?

La definición es compleja, puesto que requiere tener en cuenta diferentes matices. A grandes rasgos, consideramos que una persona es bilingüe cuando es capaz de comprender y expresar su mensaje en dos idiomas, en todos los contextos y con un alto nivel de competencia en ambos.

Está más que demostrado que el ser humano puede adquirir una segunda lengua en cualquier momento de su vida, pero lo cierto es que cuanto antes esté expuesto a ambos idiomas, mucho mejor. La plasticidad neuronal propia de los primeros años de vida facilitará su adquisición y el desarrollo de ambas lenguas.

Para que se trate de un bilingüismo real, el tiempo de exposición a ambos idiomas tiene que ser, más o menos, similar. Esto significa que, si queremos que nuestro peque sea bilingüe, no bastará con poner los dibujos en inglés (u otro idioma) o con tener un par de horas de clase en el colegio. De esta forma, adquirirá conceptos y estructuras gramaticales, por supuesto, pero no será el medio de desarrollo del bilingüismo.

Para implementarlo, lo ideal es que lo hagamos o bien por personas (por ejemplo, que uno de nosotros se comunique con él en español, y el otro, en el idioma que elijamos), o bien por entornos (en casa se habla en inglés y en el colegio, en español).

Los beneficios que aporta el uso de dos idiomas son muchos. Además de las innumerables ventajas que supone desde el punto de vista cultural, social y, por qué no decirlo, económico para una persona, se ha demostrado que:

* La alternancia en el uso de las lenguas hace que las personas bilingües tengan un mayor control atencional, entendiendo este como la capacidad para focalizar la atención en la información relevante, dejando a un lado todas las interferencias que puedan venir dadas por el entorno.

* Los hablantes bilingües tienen mayor materia gris y un mayor número de conexiones neuronales, lo que les aporta una reserva cognitiva que, entre otras, disminuye los efectos cognitivos asociados a la vejez.

* Las personas bilingües tienen un mayor control ejecutivo, que conocemos como el proceso mediante el cual determinamos las acciones necesarias y ajustamos nuestra conducta con el objetivo de conseguir un resultado óptimo en una tarea determinada.

Pero toda esta teoría se representa mucho más fácil con un ejemplo cotidiano, como puede ser poner una lavadora. Aunque sea una tarea automática para nosotros, tenemos que decidir el conjunto de acciones que llevaremos a cabo para completar la labor de manera satisfactoria: en primer lugar, tendremos que abrir el cesto de la ropa sucia, seleccionar las prendas en función del color elegido, abrir la puerta de la lavadora, meter la ropa, cerrar la puerta, abrir el cajón de la lavadora, abrir el detergente, echarlo en su compartimento…, y así hasta finalizar la tarea. Según Albert Costa[3] (psicólogo y director del Grupo de Investigación de Producción del Habla y Bilingüismo de la Universitat Pompeu Fabra), la planificación, la toma de decisiones, la resolución, el autocontrol y la regulación de nuestro peque serán mucho más eficaces si maneja dos idiomas.

* Los hablantes bilingües muestran mayor flexibilidad cognitiva, es decir, se adaptan con mayor rapidez a los cambios en general, no solo a los que tienen que ver con el lenguaje.

En definitiva, puedo asegurar que el bilingüismo no afecta al desarrollo lingüístico de nuestro peque, aunque sí es cierto que tiene ciertas desventajas (pequeñas y muy asumibles, nada importante). Los resultados de los estudios[4] realizados por Costa y su equipo señalan los siguientes aspectos:

* Se ha detectado que tanto niños como adultos bilingües presentan un vocabulario más reducido que los que se comunican a través de un solo idioma. No obstante, esta

conclusión hay que cogerla con pinzas, puesto que existe gran desventaja hacia las personas bilingües al considerar el vocabulario que se posee solo en una de las lenguas, para así establecer la comparativa con las personas monolingües. Si se considerara el vocabulario que estas personas poseen entre ambos idiomas, quizá las conclusiones serían diferentes.

*   Lo que sí se ha podido concluir de manera fehaciente es que los hablantes bilingües son más lentos a la hora de nombrar objetos, producen menos palabras en tareas de fluidez verbal (cuando en un minuto, por ejemplo, tienes que decir tantos animales como se te ocurran) y experimentan más el fenómeno al que, comúnmente, llamamos «tener la palabra en la punta de la lengua».

*   Además, se ha demostrado también que las personas bilingües son más lentas a la hora de producir palabras, frases («la pelota azul») e incluso oraciones simples («el niño juega con la pelota azul»). Pero también resulta necesario mencionar que la frecuencia de uso de esas palabras, frases y oraciones también influye, y las más afectadas son las menos frecuentes («pelota» versus «ornitorrinco»).

Para explicar estas diferencias, la hipótesis que se maneja es que las personas bilingües, cuando hablan, escuchan o leen en uno de sus dos idiomas, no activan solo la lengua en cuestión, sino que automáticamente activan ambas. Por ejemplo, si un niño bilingüe castellano-inglés trata de decir «pelota», la palabra «*ball*» también se activa en su cerebro. Lógicamente, esto hace presuponer que el esfuerzo cognitivo de una persona bilingüe es mucho mayor que el de una persona monolingüe y, por lo tanto, que su desempeño en ciertas tareas lingüísticas se ve ralentizado.

Preguntas frecuentes sobre el bilingüismo

¿Afectará al desarrollo del lenguaje de mi peque?

No. Perdona lo escueta que, a simple vista, puede resultar esta respuesta, pero no quiero dar lugar a interpretaciones en este sentido. Si un niño presenta dificultades en la adquisición o el desarrollo del lenguaje, no se considera el bilingüismo como una de las posibles causas que pueden estar provocando estas alteraciones.

De no haber convivido nuestro peque con más de un idioma, las dificultades habrían surgido de la misma manera, pero con una sola lengua. Por lo tanto, si este era uno de los motivos que te limitaba a la hora de tomar la decisión bilingüismo-monolingüismo, no tengas ningún miedo en apostar por el uso de ambos idiomas.

Si aparecen dificultades, ¿debemos retirar uno de los idiomas?

No. La respuesta vuelve a ser escueta ante una creencia tan extendida. En mi experiencia profesional he podido comprobar cómo, ante las dificultades que puede presentar un niño en su lenguaje, la primera respuesta de las familias siempre coincide: nos centramos en el español para que aprenda a hablar y dejamos de usar el otro idioma.

Y es que lo más lógico es pensar que, si a nuestro peque le decimos «vaca» y «*cow*» para referirnos al mismo animal, lo más probable es que nosotros mismos le estemos provocando el problema. Pero la realidad es otra muy diferente: el lenguaje estimula el lenguaje, independientemente del idioma en el que este venga dado. Tendremos que tomar las mismas medidas que ponemos en marcha cuando las dificultades surgen en un niño monolingüe, pero retirar uno de los idiomas no hará que la evolución sea más positiva.

Mi peque mezcla los dos idiomas y las personas de mi entorno me dicen que le estoy confundiendo. ¿Esto es así?

En el último capítulo de este libro, hablaremos sobre los *opinólogos*, pero en esta ocasión prefiero que solo nos centremos en su infundada opinión. Que nuestro peque entremezcle y use indistintamente ambos idiomas entra dentro de lo esperado. Este fenómeno se conoce como «alternancia de código» (en inglés, *code-switching*) y se considera una etapa más en el desarrollo del lenguaje bilingüe en la que se contempla el uso de dos o más lenguas en un mismo discurso, oración o frase, sin violar las reglas fonológicas o sintácticas de alguna de las lenguas.

Por todo lo comentado hasta ahora, si tenemos la posibilidad de ofrecer a nuestro peque un entorno en el que conviva más de un idioma, no le privemos del gran regalo que supondrá para él en casi todos los sentidos.

COSAS QUE PUEDEN SURGIR POR EL CAMINO

Durante el desarrollo del lenguaje de nuestro peque, pueden surgir situaciones que *a priori* pueden resultarnos llamativas e incluso preocupantes, pero que forman parte del transcurso normal del mismo. Se trata de etapas que no siempre se dan en todos los peques, pero sí en algunas ocasiones. Tan solo tenemos que ser conscientes de ellas y tener la información y las herramientas necesarias para actuar en consecuencia.

Déjame contarte, que en esta vida hay demasiadas cosas por las que preocuparnos como para que también lo hagamos por cosas que no requieren nuestra atención.

Tartamudez evolutiva

Generalmente, entre los dos y los seis años de vida, cuando se produce el mayor desarrollo del lenguaje y nuestro peque empieza a hacer frases cada vez más largas, a producir nuevos sonidos, a organizar su discurso…, puede ser que exista un periodo en el que experimente ciertas dificultades a la hora de hablar de forma fluida.

No obstante, que se contemple esta posibilidad no quiere decir que no tengamos que ocuparnos (más que preocuparnos).

En esta dificultad para hablar de forma fluida, podremos observar pequeños tartamudeos o bloqueos (a los que, en adelante, llamaremos disfluencias), que suelen tener algunas características en común, en las que quizá podremos ver identificado a nuestro peque:

* Es muy frecuente que las dificultades surjan a la hora de iniciar una palabra y, más concretamente, al iniciar la comunicación. Es decir, en el momento en el que nuestro peque trata de transmitirnos un mensaje, puede presentar más dificultades a la hora de emitir la primera palabra.

* Es muy habitual que las disfluencias se produzcan en las partes que componen una palabra (sonidos o sílabas), más que en palabras o frases enteras. La repetición de estos fragmentos se producirá dos o más veces antes de que pueda transmitir su mensaje (por ejemplo, «pe-pe-pelota»).

* En ocasiones, puede ser que, en lugar de repeticiones, observemos que nuestro peque alarga un sonido exage-

radamente («¿dóóóóóónde está?»), o bien que se bloquee sin emitir sonido alguno.

* Finalmente, podremos detectar también ciertos signos de tensión y esfuerzo en los músculos de la cara o del cuerpo.

Suele ser, la verdad, muy llamativo y fácil de identificar. Lo más importante es que, en el momento de su detección, nos pongamos en contacto con un logopeda, que pueda evaluar nuestro caso en concreto y asesorarnos de forma personalizada, puesto que será necesario iniciar un tratamiento de logopedia en el que se realizará una intervención de manera indirecta.

En la intervención indirecta, el tratamiento no se hace trabajando directamente con el peque, sino que la labor del logopeda se centra en trasladar una serie de pautas a la familia para que estas se apliquen en el día a día. Algunas de estas pautas son:

* Es importante que en casa tengamos un estilo de habla tranquilo, sin prisas y sin presiones.

* Permitiremos siempre a nuestro peque que termine la idea que trata de expresar, sin intentar adivinar lo que quiere decir. Hacemos esto precisamente con la idea de ayudarle, evitando así sus disfluencias, pero nuestro efecto es totalmente el contrario, contribuimos a que vayan a más.

* Articularemos las palabras correctamente, suavemente y con naturalidad. A un ritmo normal, ni muy lento ni muy rápido.

* Le ofreceremos todo el tiempo que sea necesario para que pueda llevar a cabo su respuesta, haciéndole saber que no hay prisa («no tengas prisa, te escucho muy atento»).

* No le corregiremos con frecuencia, pues esto le generará malestar e inseguridad hacia su forma de hablar.

* Apagaremos la televisión, la radio o cualquier elemento que pueda ser un distractor a la hora de jugar, comer y, en definitiva, en los momentos en los que tengamos la oportunidad de pasar tiempo juntos.

* Haremos pocas preguntas y, cuando las hagamos, las formularemos de una en una para evitar un bombardeo ante el que, muy probablemente, se sienta abrumado.

* Prestaremos más atención al contenido de lo que dice que a la forma en que lo dice.

* Cuidaremos los turnos de habla en familia, con amigos…, evitando así solaparnos los unos a los otros a la hora de hablar.

* Ofreceremos a nuestro peque todo nuestro apoyo, le transmitiremos toda la tranquilidad posible y haremos como si las dificultades no existieran.

No obstante, como ya sabemos, es importante que, al mismo tiempo que aplicamos estas pautas en la comunicación con nuestro peque desde casa, un logopeda pueda evaluar la evolución del niño, por si fuera necesario hacer cualquier cambio en la intervención.

Palabras que aparecen y desaparecen

Desde los doce meses, tiene lugar la aparición de las primeras palabras y, como ya hemos visto, este proceso puede retrasarse y seguir siendo normal hasta los dieciocho meses. Es en este periodo, incluso hasta los dos años, cuando puede que se produzca este fenómeno.

Familias muy muy preocupadas llegan cada día a mi consulta pensando que algo sucede en el lenguaje de su peque cuando había palabras que empezó diciendo, pero que ya no dice.

Esta será una fase más en la adquisición del lenguaje de nuestro peque, siempre que, en compensación, aparezcan palabras nuevas (por ejemplo, ha dejado de decir «agua» y «pan», pero ha empezado a decir «mamá», «papá», «teta» y a hacer la onomatopeya de la vaca).

En el caso de que esas primeras palabras que ya habían surgido desaparecieran y, tras unos meses, no tuviera lugar la aparición de otras nuevas, este sí sería un motivo por el que contactar con un profesional que pudiera evaluar el desarrollo de su lenguaje.

¿Nuestra misión en este caso? Estimular el lenguaje de nuestro peque como ya hemos aprendido a hacer y mantener la calma, evitando transferir nuestra preocupación al niño y empeorar la situación por el clima de estrés y ansiedad en el que nos desenvolvemos.

Sobregeneralización, subextensión y sobrerregularización

Hay tres procesos de los que, con seguridad, has oído hablar, si no es relacionado con tu peque, sí con algún niño de tu entorno:

* *Sobregeneralización o sobreextensión semántica:* se da cuando nuestro peque utiliza una palabra (por ejemplo, «perro») para denominar toda la categoría semántica en la que esta se incluye (en este caso, utilizar «perro» para hacer referencia a cualquier animal: al gato, al caballo, a la oveja, etcétera).

  Este proceso suele tener lugar entre los doce y los treinta meses, periodo en el que el niño no dispone de las herramientas suficientes como para denominar a cada cosa por su nombre, pero, en las categorías menos frecuentes (como pueden ser las «herramientas»), puede darse hasta los cinco años (y que nuestro peque llame, por ejemplo, desatornillador a cualquier otro instrumento).

*   *Subextensión:* tiene lugar cuando un niño aprende una palabra (por ejemplo, «zapatos»), pero no es capaz de extrapolar y extender su uso a otros objetos iguales (haciendo referencia siempre a los suyos, pero no a los de mamá o papá).

    Este proceso es el menos frecuente de los tres, pero entre los doce y los veinticuatro meses podría surgir como una fase más en el desarrollo de su lenguaje.

*   *Sobrerregularización:* se produce cuando nuestro peque aplica las reglas gramaticales a formas irregulares (por ejemplo, «he ponido», «no sabo» o «un vaco»). Este proceso suele surgir en torno a los tres años, en los que la construcción de oraciones, la conjugación de verbos y la correspondencia género/número de las palabras tienen lugar en su desarrollo.

EL DESARROLLO COGNITIVO

El desarrollo cognitivo hace referencia a los procesos mentales por los que nuestro peque desarrolla las habilidades y las capacidades que le permitirán explorar, entender e interactuar con su entorno.

Es el ámbito que, tradicionalmente, se ha asociado siempre con la inteligencia. Cuanto mayor fuera el desarrollo de estos procesos mentales (atender, memorizar, procesar, calcular, etcétera), mayor era el nivel de inteligencia que se asociaba a una persona. Por lo tanto, este concepto se desvinculaba por completo de todo lo relacionado con el ámbito emocional, creativo o personal.

Tanto es así que si un niño (o adulto) era muy bueno en matemáticas, por ejemplo, se entendía que era muy inteligente, pero si otro destacaba por su creatividad, por su relación con los demás o por su sensibilidad hacia el entorno que le rodeaba, no se le englobaba dentro de este grupo.

Aunque en la actualidad todavía quedan resquicios de esta mentalidad tan restrictiva, lo cierto es que, cada vez más, entendemos la inteligencia como la capacidad que tenemos los seres humanos para entender la realidad, para adaptarnos a diferentes situaciones y para resolver problemas de manera efectiva.

Con esta perspectiva, el niño que destaque en matemáticas podrá ser considerado inteligente, pero también aquel que posea un don musical, el que tenga una gran capacidad de liderazgo, el que identifique y gestione sus emociones de manera funcional o el que utilice con gran precisión su lenguaje.

Lejos de asociar la inteligencia a la brillantez académica, la teoría de las inteligencias múltiples abarca y contempla otros muchos ámbitos sobre los que me gustaría que reflexionáramos. En ella, Gardner propone la existencia de ocho tipos de inteligencia:

* *Inteligencia visual-espacial:* se trata de la capacidad para orientarse y tener en cuenta las diversas formas y elementos, así como su posición, que contiene un determinado espacio.

* *Inteligencia musical:* hace referencia a la capacidad para analizar y crear música, así como a la sensibilidad hacia el ritmo, el tono y el timbre.

* *Inteligencia corporal-cinestésica:* se define como la capacidad para utilizar nuestro cuerpo a la hora de llevar a cabo una actividad o resolver un problema.

* *Inteligencia lingüístico-verbal:* se refiere a la capacidad para utilizar el lenguaje de manera oral o escrita.

* *Inteligencia lógico-matemática:* se trata de la capacidad para manejar los números de manera efectiva, aplicando patrones de lógica y razonamiento para la resolución de problemas.

* *Inteligencia naturalista:* hace referencia a la capacidad para percibir el medio ambiente e identificar, distinguir y clasificar animales, plantas y elementos que lo componen.

* *Inteligencia intrapersonal:* definida como la capacidad para identificar, reconocer y gestionar nuestras propias emociones.

* *Inteligencia interpersonal:* se refiere a la capacidad para relacionarnos con los demás y establecer relaciones sociales óptimas.

Me parecía importantísimo recalcar y definir este concepto de inteligencia a la hora de hablar del desarrollo cognitivo del niño, para evitar esta asociación de conceptos. Por supuesto, todos estos tipos de inteligencia se pueden estimular desde el nacimiento y desarrollar en mayor o menor medida, pero eso dependerá del ritmo, las preferencias y la evolución del desarrollo del propio niño.

Por lo tanto, este capítulo no estará destinado a la inteligencia como tal ni a su estimulación, puesto que, como ya hemos visto, no hay una única forma de hacerlo. Dedicaremos, pues, este apartado, a describir los procesos mentales y las etapas más significativas que tienen lugar en el desarrollo cognitivo desde el nacimiento hasta los tres años, así como los aprendizajes más importantes que tienen lugar en ella.

EXPLORACIÓN

Nuestro peque se convertirá en un pequeño explorador de su entorno desde los primeros meses de vida. Poco a poco, observaremos que le encanta mirarlo todo, tocarlo, descubrir cosas nuevas, lugares desconocidos, los usos que podemos darle a un mismo objeto, etcétera, y esta exploración, a lo largo de su infancia, le permitirá adquirir aprendizajes y habilidades que serán necesarias y primordiales para que se desenvuelva en su vida adulta.

Durante esos primeros meses de vida y hasta aproximadamente los dos años, el niño atravesará lo que conocemos como *fase oral*, en la que la exploración del entorno se lleva a cabo a través de la boca.

De esta forma, veremos cómo se llevará a la boca todos los objetos y elementos que llamen su atención, puesto que esta será la parte de su cuerpo que mayor información le proporcionará sobre el entorno que le rodea.

Por lo tanto, nuestra misión aquí no será evitar que se produzca este tipo de exploración, puesto que estaríamos privando a nuestro peque de una fase fundamental en su desarrollo cognitivo y general, pero sí asegurar un entorno que pueda ser explorado de esta manera, evitando principalmente los elementos tóxicos y aquellos tan pequeños que puedan ocasionar un atragantamiento o puedan ser ingeridos.

Nota: si en alguna ocasión tenemos dudas, todos los objetos que logren pasar por el tubo de un rollo de papel higiénico no deben ser ofrecidos a nuestro peque si todavía se encuentra en esta fase oral.

A medida que vaya creciendo, esta fase llegará a su fin y realizará la exploración del entorno a través del resto de los órganos de los sentidos. No obstante, los beneficios que nos aportará esta exploración seguirán siendo los mismos:

* Fomenta su curiosidad.
* Desarrolla sus capacidades motoras.
* Impulsa su comunicación.
* Aumenta su vocabulario.
* Estimula su imaginación e ingenio.
* Fortalece su autoestima.
* Le permite descubrir y aprender nuevos conceptos.

Por todo ello, resulta fundamental que permitamos la exploración del entorno y acompañemos a nuestro hijo desde una posición simplemente facilitadora: aumentando el número de oportunidades que posee para examinar un nuevo objeto, para visitar un lugar que no conocía, para experimentar cosas nuevas en general, y así poner a prueba sus capacidades no solo cognitivas, sino también motoras, emocionales y lingüísticas.

ATENCIÓN

La atención es un proceso cognitivo que, en ocasiones, suele generarnos cierta preocupación en el desarrollo de nuestro peque. Frases como «mi hijo no atiende a nada», «es que no se concentra, ¿tendrá déficit de atención?», «nos ponemos a jugar y no me atiende, yo ya no sé qué hacer» son las más repetidas en este sentido.

Si en algún momento has tenido algún pensamiento de este tipo, o para evitar que puedas llegar a tenerlos, lo primero que necesitas tener en cuenta es la edad cronológica de tu peque y el tiempo que, como máximo, puedes pretender que su atención se mantenga en una misma tarea o actividad:

EDAD	TIEMPO DE ATENCIÓN MÁXIMO APROXIMADO
0-1 año	3 minutos
1-2 años	8 minutos
2-3 años	10 minutos

Con esta información, miramos este tema desde otra perspectiva y podemos adecuar nuestras expectativas a lo que nuestro peque, por su propio desarrollo, está preparado para hacer.

No obstante, habrá otras situaciones en las que, aun teniendo en cuenta estos datos, sigamos creyendo que hay algo que no va bien en la atención de nuestro hijo. En esos casos, y como siempre que nuestra intuición quiera transmitirnos algún mensaje, será recomendable contactar con un profesional (en concreto, con un psicólogo) que pueda evaluar nuestro caso y asesorarnos de forma personalizada.

Consejos y actividades para estimular la atención de nuestro peque en casa

* *Evitar sacar todos los juguetes a la vez:* en la medida de lo posible, procuraremos que la alfombra no contenga diez mil y una opciones; de lo contrario caeremos en lo que conocemos como «síndrome del juego inacabado». Este síndrome se produce cuando nuestro peque, ante la gran cantidad de juguetes disponibles a su alrededor, manifiesta cierta sensación de confusión y rechazo hacia el juego. Es preferible que cambiemos de actividad cada poco tiempo, pero que estas tengan un inicio y un final, antes que caer en esta situación.

* *Alternar las actividades:* como decíamos, teniendo en cuenta el tiempo que nuestro hijo es capaz de mantener la atención sobre una misma actividad, será necesario ir alternando estas con cierta frecuencia.

  Además, el orden en el que las presentamos y el hecho de que le anticipemos esta secuencia le permitirá saber qué cosas vamos a hacer y también nos ayudará a captar y mantener su atención. Si, por ejemplo, hay una actividad que nos cuesta un poquito más y que queremos reforzar, la introduciremos entre otras dos que sepamos que sí le gustan mucho.

* *Incluir el movimiento:* lejos de lo que normalmente solemos pensar, el niño no mantendrá más su atención ni permanecerá más concentrado cuanto más quieto esté, sino todo lo contrario. Más adelante, en este mismo capítulo, hablaremos sobre el aprendizaje a través del movimiento con mayor detenimiento.

* *Hacer llamativa la actividad:* a través de nuestra entonación, de nuestros gestos y de nuestro entusiasmo podemos plantear la actividad de una forma u otra. Disfrutando de este momento juntos y encontrando las claves que mejor captan la atención de nuestro peque, conseguiremos que forme parte de la actividad sin problema.

* *Crear curiosidad:* a los niños les fascina el misterio y todo aquello que les pueda sorprender, así que expresiones como «¿¿sabes lo que tengo aquí??» o «¡a que no adivinas qué pasó después!» le harán conectar contigo y mantener su atención en aquello que estéis haciendo.

PERCEPCIÓN

Por percepción entendemos el proceso mental a partir del cual nuestro cerebro obtiene información sensorial del entorno que nos rodea. De esta manera, podemos recibir, interpretar y comprender todos los estímulos y señales que provienen del exterior en los planos visual, olfativo, táctil, gustativo y auditivo.

* *La vista:* nuestro bebé recién nacido apenas tendrá desarrollada su visión, pero, poco a poco, y a medida que avance en los primeros meses de vida, será capaz de distinguir los colores, profundidades y enfocar elementos a cualquier distancia.

  Una vez conseguido esto, la vista se convertirá en un sentido primordial a la hora de obtener información de su entorno, no solo de los objetos y elementos que lo componen, sino también de las personas que le rodean.

* *El olfato:* desde el nacimiento, nuestro peque será capaz de detectar y recibir información de su entorno a través del olfato. El olor de mamá será su referencia y, en general, los olores suaves y dulces serán los que le resulten más atractivos.

A medida que el niño vaya creciendo, su olfato se irá especializando y será capaz de asociar un determinado olor con la fuente de la que proviene, convirtiéndose así en un medio de aprendizaje más al que tendríamos que ofrecer la misma importancia que al resto de los sentidos.

* *El tacto:* es importantísimo y fundamental que el piel con piel se produzca desde el momento en el que disfrutamos de esa indescriptible sensación que supone tener a nuestro bebé en brazos. Desde ese momento, y sin fecha de finalización prevista, las caricias, los abrazos y el sentirnos el uno al otro será esencial en el desarrollo de nuestro hijo.

No obstante, el tacto, además, le permitirá explorar y conocer en detalle el mundo que le rodea a través de las sensaciones que este le trasladará sobre la temperatura, la forma o la composición de un determinado elemento.

* *El gusto:* aunque durante los primeros meses de vida la única vía de alimentación sea la lactancia, ya sea esta natural o artificial, nuestro peque será capaz a esta edad de discriminar diferentes sabores.

Se considera que, incluso antes de nacer, los diferentes sabores trasladados a través del líquido amniótico se perciben en el útero materno. Tanto es así que las futuras preferencias del niño en cuanto a los sabores y alimentos podrían venir determinadas por estas experiencias gustativas prenatales.

* *El oído:* también en el útero materno, nuestro bebé comenzará a recibir información auditiva del exterior. El latido del corazón de mamá, su sistema digestivo, su voz… son sonidos que ya puede percibir antes del nacimiento. Tanto es así que, a las poquitas horas de nacer (tal y como veíamos de forma más detallada en el primer capítulo), ya se evalúa la audición de nuestro bebé.

Durante los primeros meses de vida, será capaz de reconocer las voces familiares y reaccionar ante sonidos bruscos o inesperados. Meses después, irá reconociendo las palabras, las melodías, los sonidos del ambiente, etcétera, y su desarrollo auditivo será decisivo en el desarrollo de su lenguaje.

Consejos y actividades para estimular la percepción de nuestro peque en casa

*   *Cuentos:* con imágenes, con sonidos, con texturas, con solapas, pop-up…, elegiremos aquellos que más le gusten a nuestro peque. Nos permitirán estimular la percepción visual, táctil o auditiva, dependiendo del tipo de cuento que elijamos.

*   *Cesto de los tesoros:* este es un recurso casero que nos ofrece una estimulación perceptiva muy completa. Consiste en introducir, en una caja o cesto, diferentes elementos de nuestra vida cotidiana: cucharones de madera, peines, botellas, cepillos de dientes, coladores, trapos, varillas, frutas, esponjas…, en definitiva, elementos que no supongan ningún peligro para el niño, de diferentes materiales, formas y colores, con los que pueda explorar de forma visual, auditiva, gustativa, olfativa y táctil. Recomendado a partir de los seis meses.

*   *Contacto con la naturaleza:* nos aporta una estimulación muy rica en el ámbito perceptivo. Los nuevos olores, los nuevos colores y paisajes, las nuevas texturas, los nuevos sonidos, etcétera. Siempre que tengamos la oportunidad, además de los muchos beneficios emocionales que supondrá una actividad de este tipo, sabremos que estaremos contribuyendo en gran medida a las capacidades perceptivas y sensoriales de nuestro peque.

*   *Tablero de texturas:* podemos crear nuestro propio tablero (o, incluso, alfombra) para que el niño experimente con todo tipo de texturas: estropajo, algodón, corcho, esponja, goma, lija, pluma… De esta forma, podrá mani-

pular y explorar materiales que no siempre encuentra en su día a día.

IMITACIÓN

La imitación es el proceso cognitivo a través del cual reproducimos acciones o conductas que observamos en otras personas. Nuestro peque, desde los primeros meses de vida, llevará a cabo esta imitación, tratando de recrear los patrones de movimiento que observe en sus figuras de referencia.

Podríamos considerar ejemplo de ello la aparición de la sonrisa social o del balbuceo. Para tratar de estimular la imitación de nuestro peque, nuestra misión será motivarle para que reproduzca los mismos sonidos o las mismas acciones que le mostramos: por ejemplo, añadiendo gestos en canciones, creando un baile juntos, colocando bloques en una torre o incorporando onomatopeyas a sus animales.

A lo largo de toda su infancia, y su vida en general, la imitación desempeñará un importante papel en su desarrollo y aprendizaje, puesto que disponer de un modelo de referencia será determinante a la hora de adquirir los hitos que se plantean en las diferentes áreas.

Esto se debe a lo que conocemos como *neuronas espejo*. Rizzolatti descubrió que estas neuronas se activaban en nuestro cerebro cuando realizamos determinadas acciones, pero también cuando observamos que otra persona ejecuta esa misma acción.

Por lo tanto, y teniendo en cuenta esto, para nuestro peque siempre será mucho más útil y valioso observar nuestro ejemplo que recibir la explicación de lo que tendría que hacer. Y esto es aplicable a todos los hitos y aprendizajes que queramos que nuestro hijo adquiera: a la hora de aprender a hablar, de tratar a los demás, de resolver conflictos, de llevar un determinado estilo de vida, etcétera, siempre será mucho más efectivo que nosotros, sus principales modelos de referencia, llevemos a cabo las acciones que queremos ver reflejadas en él.

MEMORIA

La memoria es la capacidad mental que, a muy grandes rasgos, nos permite retener información y recuperarla voluntariamente. En los tres primeros años de vida conformaremos las bases de la memoria sobre las que posteriormente se asentarán los aprendizajes, la identidad y los recuerdos de nuestro peque.

Por lo tanto, a continuación describiremos la evolución y los progresos más significativos que tienen lugar en la memoria del niño en esta etapa, para después aprender a estimularla:

* *0-1 año:* es capaz de reconocer y recordar las caras y las voces de sus personas de referencia, y los objetos familiares que intervienen en su día a día; es capaz de recordar y recuperar las relaciones de causa y efecto que va esta-

bleciendo en su entorno, los lugares en los que puede localizar un determinado objeto, el uso que podemos dar a algunos de estos objetos y, al final de esta etapa, de recordar el significado de algunas palabras.

* *1-2 años:* es capaz de recordar el significado de muchas palabras, lugares e incluso las asociaciones que haya establecido con esos lugares o las personas con las que allí haya interactuado (por ejemplo, en una visita al médico). A esta edad también es capaz de recordar las rutinas de una tarea, como puede ser el cambio de pañal; es capaz de recordar fragmentos de canciones o los gestos que asociamos a ellas; y puede recordar personas u objetos físicamente no presentes.

* *2-3 años:* es capaz de recordar pequeños fragmentos de experiencias vividas, aunque necesitará de nuestra ayuda para poner palabras a esos recuerdos almacenados. Recuerda también los conceptos que progresivamente adquiere (colores, cantidades, formas y tamaños) y es capaz de recordar dos o tres elementos presentados, tanto de forma visual (por ejemplo, objetos o imágenes) como de forma auditiva (por ejemplo, palabras o sonidos).

Consejos y actividades para estimular la memoria de nuestro peque en casa

* La mejor manera de estimular la memoria de nuestro peque desde el nacimiento hasta los tres años se basa en las repeticiones. Con repeticiones me refiero al número de veces que nuestro peque se expone ante determinadas experiencias. Cuanto mayor sea este número, mayor

aprendizaje, mayor asociación y, por lo tanto, mayor probabilidad de que almacene ese concepto, esa acción o esa experiencia.

* Utilizaremos apoyos visuales a la hora de tratar de evocar recuerdos: si, por ejemplo, nuestro peque ha pasado el día en la granja con los abuelos, será mucho más sencillo si, al volver, utilizamos una lámina o un cuento que contenga los animales de la granja para tratar de recordar aquellos que ha podido ver durante el día que si solo le preguntamos por ellos.

* A partir de los dos años, podemos poner en marcha pequeños ejercicios para empezar a estimular su memoria de manera un poco más concreta:

Como veíamos, a esta edad nuestro peque podrá recordar dos o tres elementos visuales o auditivos, por lo que empezaremos colocando ante él dos elementos (por ejemplo, un coche y un león) y plantearemos un pequeño reto: «A ver…, ¿¿¿qué tenemos aquí??? Estate muy atento porque uno de los dos va a desaparecer, ¿eh? ¿Preparado? ¿Listo? ¡Cierra los ojos, que voy!». Retiramos, por ejemplo, el coche. «¡Oh, oh! ¿Cuál se ha ido?». Y, a modo de juego, podemos esconder el coche en el bolsillo y que nuestro peque tenga que encontrarlo.

De esta forma, a medida que veamos que es capaz de manejar esta actividad, podemos aumentar su complejidad haciendo que los dos elementos desaparezcan, recordando el orden en el que se encontraban o añadiendo un elemento más a la secuencia. Además, será más sencillo para él si los elementos pertenecen a categorías semánticas diferentes (un alimento, un transporte y un animal) que si todos ellos corresponden a una misma categoría (tres animales).

* Aunque hay algunos *memory* en el mercado recomendados a partir de los dos años (por lo general, solemos llevar a cabo esta actividad a partir de los tres años), lo más aconsejable es ir con cuidado, porque corremos el riesgo de generar más frustración que aprendizaje. Podríamos empezar utilizando solo dos parejas, es decir, cuatro figuras, e ir poquito a poco viendo cómo responde nuestro peque ante esta actividad.

Como no me cansaré de decir, cada peque es un mundo, y el desarrollo de sus habilidades es muy diferente de unos a otros.

PENSAMIENTO LÓGICO

Durante sus primeros meses y años de vida, nuestro peque analiza e interpreta la información que recibe del exterior y consigue establecer una serie de conclusiones sobre cómo funciona el mundo que nos rodea, a través de la razón y la lógica.

Este pensamiento evoluciona a lo largo de los años hasta permitirle establecer juicios de valor en la vida adulta, por lo que debemos otorgarle la importancia que merece desde el inicio para que así conforme unas bases sólidas sobre las que se asentará su razonamiento.

Por lo tanto, a continuación, analizaremos las etapas y los acontecimientos más significativos que tendrán lugar en el desarrollo del pensamiento de nuestro peque.

Tal y como lo describió Piaget en su estudio del pensamiento del niño, desde el nacimiento hasta los dos años, el niño se relaciona con el entorno a través de los reflejos innatos y de los sentidos para así obtener información de este y actuar en consecuencia.

En esta etapa tiene lugar la adquisición de dos importantes hitos del desarrollo, en los que me gustaría que nos detuviéramos.

Principio de causa y efecto

A partir de los cuatro o cinco meses de vida, aproximadamente, nuestro bebé empezará a tomar conciencia de que sus acciones, por lo general, van seguidas de ciertas reacciones o consecuencias.

Esto es lo que conocemos como el principio de causa y efecto (o acción-reacción) y, aunque ante nuestros ojos pueda parecer un proceso muy evidente y natural, constituye un importante hito en el desarrollo cognitivo del niño.

Con él, aprenderá que, si agita un sonajero, este emitirá un sonido; que, si lanza una pelota, puede que rebote y vuelva a subir; e incluso que, si llora, mamá o papá acudirán para cubrir sus necesidades.

Así, poco a poco, a medida que transcurran los meses y el niño experimente con su entorno, irá estableciendo este tipo de asociaciones y podrá extraer conclusiones de cuándo estos patrones se repiten y cuándo no.

Para ayudarle a adquirir este principio, bastará con propiciar oportunidades para que se exponga a estas acciones-reacciones.

Para ello, podemos utilizar:

* Sonajeros
* Palos de lluvia
* Cubos apilables
* Juegos de encajes
* Cubos de actividades
* Rampas
* Instrumentos musicales
* Juegos de martillo
* Muñecos y cuentos con sonidos

En definitiva, utilizar cualquier elemento con el que, ante una acción determinada, se desencadene una respuesta concreta. Desde ahí, será el propio niño quien extienda este patrón a otras situaciones y circunstancias.

Permanencia del objeto

Entender las reglas por las que se rige el mundo que nos rodea no resulta tan sencillo como podría parecernos a simple vista. Durante los primeros meses de vida, además del principio de causa y efecto, nuestro peque empezará a tomar conciencia de la permanencia del objeto.

Para nuestro bebé, durante esos primeros meses, solo existe aquello que puede ver con sus ojos y, por lo tanto, todo aquello que sale de su campo perceptivo será como si no existiera. No será hasta, aproximadamente, los cuatro meses cuando empezará a comprender (a esta edad todavía de forma muy sutil) que todo aquello que no puede ver no deja de existir, sino que solo ha dejado de percibirlo.

Aunque todavía hoy en día existen ciertas controversias sobre la edad a la que realmente es adquirida la permanencia del objeto, Piaget establece diferentes etapas en el proceso que supondrá para nuestro peque adquirir esta habilidad que nos pueden servir de referencia a la hora de estimularle:

* *0-4 meses:* si la persona o el objeto desaparecen del campo visual del bebé, para él será como si hubiesen dejado de existir.

* *4-8 meses:* comienza a percibir señales de que quizá esa desaparición no implique su inexistencia. Si, por ejemplo, escondemos un juguete debajo de un pañuelo, dejando ver parte de él, el bebé irá a buscar debajo del pañuelo la otra parte del juguete, intuyendo que no ha desaparecido por completo.

* *8-12 meses:* a esta edad, nuestro peque ya comprende que dejar de ver a una persona u objeto no implica su completa desaparición, y será capaz de encontrar un objeto totalmente

oculto, pero solo cuando este haya sido escondido ante sus ojos.

* *12-18 meses:* el niño ya sabe que la persona o el objeto existen, aunque no pueda verlos, y es capaz de localizar un objeto en los lugares familiares en los que suele encontrarse. No obstante, todavía no se le ocurrirá buscarlo en otros lugares que no sean los habituales.

* *18-24 meses:* alcanzamos la última etapa, en la que el niño ya posee una representación mental del objeto y comprende que puede estar en cualquier lugar, por lo que será capaz de hallarlo incluso en sitios inusuales.

Tal y como veremos en el capítulo 5, en el que descubriremos y describiremos el desarrollo emocional de nuestro peque, la permanencia del objeto tendrá una influencia directa en la separación del niño y mamá/papá.

En esos meses en los que, para él, todo aquello que no puede ver es como si hubiera desaparecido, el hecho de dejar de ver a mamá o a papá supondrá creer en su pérdida definitiva. Esto nos ayudará a comprender mejor este proceso y a proporcionar a nuestro peque la ayuda que requiere.

Después de tener en cuenta estos dos principios, la segunda fase en el desarrollo del pensamiento del niño (aunque en este libro abarcamos la etapa que comprende desde el nacimiento hasta los tres años) tiene lugar desde los dos hasta los seis años. En la primera parte de esta fase, según describe Piaget, tiene lugar la representación mental de aquellas cosas que el niño no puede ver. Ya no se basa tanto en lo puramente físico y sensorial, sino que va un pasito más allá y empieza a manejar la representación mental de los objetos y las situaciones.

Por lo tanto, empleará su función simbólica para crear una realidad paralela que le permita dar sentido a la realidad a través de un mundo de fantasía que él mismo pueda controlar.

EL JUEGO

El juego es fundamental en la vida de un niño. A través de él, nuestro peque conseguirá explorar el mundo que le rodea, comprender muchas de las reglas por las que este se rige, desarrollar sus intereses y, por supuesto, disfrutar de grandes momentos de diversión.

Fases del juego

Resulta lógico pensar que, a medida que el niño crece, el tipo de juego que lleva a cabo también cambia. En 1932, la socióloga Mildred Parten ya describía las seis fases que atraviesa el juego y que podremos observar en nuestro peque a medida que vayan pasando los años:

1. *Juego desocupado.* Es la fase más temprana del juego, la que corresponde a los primeros meses de vida. En ella, el bebé realiza movimientos y gestos aparentemente aleatorios que, *a priori*, no tienen un objetivo específico. A simple vista, parece no estar jugando, pero en realidad se trata de una fase de preparación hacia el juego futuro.

2. *Juego en solitario.* Se trata del juego independiente en el que el niño explora el mundo a través de sus juguetes. En esta fase, realiza actividades sencillas y repetitivas que, a nuestros ojos, pueden resultar muy monótonas (tales como golpear bloques de madera entre sí, llenar una caja para después volver a vaciarla o derribar una construcción una y otra vez), pero que le aportan una satisfacción y un conocimiento del mundo del que no debemos privarle.

3. *Juego de espectador.* En esta etapa, el niño pasa la mayor parte del tiempo observando cómo juegan otros niños. No participa de forma activa en el juego, pero suele hacer preguntas con el objetivo de entender mejor qué están hacien-

do. Le interesa lo que hacen los otros niños, pero todavía no se siente preparado para unirse al juego, por lo que prefiere observar y aprender.

4. *Juego en paralelo.* Esta es la última fase antes del juego social. En el juego en paralelo, el niño mantiene su juego independiente, pero lo lleva a cabo al lado de otro u otros niños (comparten espacio físico, pero no actividad). En él, los niños pueden utilizar los mismos juguetes o diferentes, pero todavía no tendrá lugar la interacción directa entre ellos, tan solo roces, miradas y el disfrute de su compañía.

5. *Juego asociativo.* En esta etapa, nuestro peque ya juega con otros niños. Veremos cómo, en grupo, comparten juguetes y objetivos en el juego, pero todavía no hay unas reglas ni una organización formal en él. Por lo tanto, se podría considerar que se sigue llevando a cabo un juego independiente, pero con la implicación y cooperación de otros niños.

6. *Juego colaborativo.* Alcanzamos la última fase en la evolución del juego, en la que ya existen una organización y unas reglas que determinan la actividad del grupo y que les permitirán alcanzar un objetivo común. Podremos observar cómo uno de los niños actúa como líder del grupo y el resto interviene de manera más o menos activa, en función del tipo de juego que desarrollen.

En esta ocasión, no quiero referenciar las etapas con edades cronológicas porque, aunque en ocasiones siguen un patrón lineal y secuencial, es decir, vemos que una sucede tras la anterior, en otras muchas ocasiones podemos ver que algunas etapas confluyen en un mismo momento dentro del desarrollo del niño.

Tipos de juego

Así como observamos diferentes formas de jugar en el desarrollo del niño, también registramos distintos tipos de juegos. Piaget define cuatro, tres de los cuales se observan en la etapa que nos corresponde, desde el nacimiento hasta los tres años:

Juego funcional o juego de ejercicio
(0-2 años, aproximadamente)

En este tipo de juego predomina fundamentalmente el componente sensorial y psicomotor. Observaremos en él acciones de tipo motor, repetitivas, que llevará a cabo para obtener las habilidades que precisa en su desarrollo.

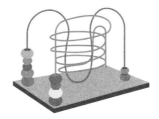

Además, en esta etapa el niño utilizará los juguetes de la forma prevista, es decir, una cuchara para comer, un lápiz para pintar o un teléfono para llamar.

El juego funcional permitirá a nuestro peque:

* Explorar y descubrir el mundo que le rodea.

* Ejercitar la observación.

* Manipular los objetos del entorno.

* Mejorar la coordinación de sus movimientos.

* Focalizar su atención.

* Desarrollar sus habilidades manipulativas.

* Desencadenar su razonamiento lógico.

Ejemplos de juego funcional o de ejercicio son: agitar un objeto para que suene, dejar caer objetos al suelo, presionar un botón para encender un juguete o arrastrar un juguete con una cuerda.

Juego de construcción (desde 1 año)

El juego de construcción tiene lugar desde el primer año de vida y seguirá estando presente a lo largo de toda la infancia, solo que, a medida que el niño crece, la complejidad y la precisión de su juego irán aumentando.

En este tipo de juego, nuestro peque manipulará y manejará piezas, bloques u otros materiales apilándolos, encajándolos, ensartándolos… o llevando a cabo la acción necesaria para, a partir de ellos, dar lugar a una nueva figura o construcción.

El juego de construcción permitirá a nuestro peque:

* Desarrollar su motricidad fina y gruesa.
* Mejorar su coordinación oculomanual.
* Fomentar sus habilidades visoespaciales.
* Desarrollar su pensamiento lógico.
* Fomentar su imaginación y su creatividad.
* Promover su organización.

Ejemplos de juegos de construcción son: construir una torre con cubos o bloques, alinear objetos para crear caminos, formar un puzle o rompecabezas, etc.

Juego simbólico (2-6/7 años, aproximadamente)

En el juego simbólico, observaremos que nuestro peque representa y simula personas, animales, situaciones u otros elementos de la vida cotidiana. En este tipo de juego no necesitará tener físicamente presente el elemento que representa, puesto que ya posee una representación mental del mundo que le rodea.

Además, en esta etapa, el niño será capaz de utilizar los objetos de formas diferentes a las previstas, es decir, podremos ver cómo utiliza una pintura como cuchara o un zapato como teléfono, por ejemplo.

A través del juego simbólico, el niño obtendrá una gran cantidad de beneficios esenciales para su desarrollo:

* Comprender y asimilar lo que observa y escucha en su entorno.

* Desarrollar su curiosidad, su imaginación y su creatividad.

* Ejercitar la expresión de sus sentimientos y emociones.

* Adquirir nuevo vocabulario y desarrollar su lenguaje.

* Fomentar su empatía, autoestima y confianza en sí mismo.

* Poner en práctica las reglas sociales que le facilitarán su interacción con los demás.

Ejemplos de juego simbólico son: jugar a ser policías, representar una tienda o supermercado, dar de comer a los muñecos, dar vida a los animales de juguete, etcétera.

Juego de reglas (6/7-12 años, aproximadamente)

Este es el único tipo de juego que no veremos en la etapa que nos ocupa, por lo que no nos detendremos mucho en él, pero, a grandes rasgos, como su propio nombre indica, en esta etapa el juego estará marcado por reglas que todos sus integrantes tienen que seguir para poder disfrutar de él.

La importancia del juego en familia

Una vez que disponemos de la información más «teórica» sobre el juego y su desarrollo, llega la hora de aplicar y encajar toda esta teoría en nuestro día a día.

Ya sabemos los grandes beneficios que aporta el juego al desarrollo de nuestro peque, por lo que tenemos que recordar que siempre, pero siempre, siempre, siempre será nuestro mejor aliado. Todo lo que se plantea a través del juego es más sencillo (para él y para nosotros), más beneficioso y, por supuesto, más divertido.

Las últimas investigaciones realizadas sobre este asunto ya nos han desvelado los importantes cambios que el juego genera en el cerebro del niño:

EN EL CEREBRO...

ENCEFALINAS Y ENDORFINAS

Reduce la tensión neuronal, aumenta el bienestar, la calma y la felicidad

SEROTONINA

Reduce la ansiedad y regula el estado de ánimo

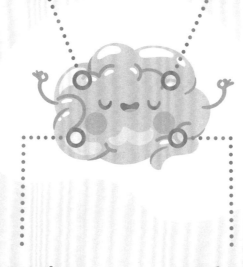

DOPAMINA

Alta motivación física: los músculos reaccionan al impulso lúdico del juego

ACETILCOLINA

Favorece estados de atención, aprendizaje y memoria

Pero, además, cuando este juego se lleva a cabo en familia, obtenemos muchos otros beneficios en el plano emocional, que marcarán la infancia y los recuerdos de nuestro peque.

EN EL PLANO EMOCIONAL...

Recreamos y vivimos situaciones que nos ayudan a
GESTIONAR NUESTRAS EMOCIONES

Refuerza nuestro
VÍNCULO AFECTIVO

Favorece la
AUTOESTIMA
de nuestro peque

Nos permite
CONOCERNOS MEJOR

Estoy segura de que, si echamos la vista atrás, muchos de nuestros grandes recuerdos de la infancia tienen que ver con el juego, pero, sobre todo, con el tiempo que hemos compartido con nuestros seres más queridos.

Dentro de la locura y la automaticidad que, por lo general, caracteriza nuestro día a día, tenemos que buscar esos pequeños momentos de conexión que nos permitan dar valor a lo realmente importante.

Y digo pequeños porque, lejos de lo que podamos llegar a pensar, no necesitamos disponer de horas y horas libres para compartir con nuestro peque, pero sí que el tiempo que le dediquemos estemos física y mentalmente presentes. Buscando conectar y disfrutar a su lado.

Si no dispones de la imaginación, la creatividad o el tiempo necesarios para poder crear actividades interesantes para compartir este tiempo juntos, no te preocupes; en el área privada que he creado para los lectores en mi web, encontrarás recursos que pueden hacerte la vida un poquito más fácil.

PANTALLAS

Se habla mucho de los perjuicios del uso de pantallas en bebés y niños y, por lo tanto, de lo poco (o nada) que estos deberían estar expuestos a ellas, no por gusto ni por capricho, sino por las consecuencias que estas generan en el desarrollo del niño. En el desarrollo cognitivo en general, por supuesto, pero también en el desarrollo del lenguaje en concreto, en el desarrollo motor, en la autonomía y en el desarrollo emocional y social de nuestro peque.

Vamos a detenernos en este punto porque, con información, podemos tomar las mejores decisiones. Son muchas las investigaciones que se han realizado y que hoy se están llevando a cabo sobre la influencia que ejerce el uso de pantallas en el desarrollo del niño.

En concreto, el estudio[5] *Association between screen time and children's performance on a developmental screening test* (cuya traducción literal es «Asociación entre el tiempo frente a la pantalla y el rendimiento de los niños en una prueba de detección del desarrollo») confirma la asociación direccional entre pantallas y bajo rendimiento.

Es decir, se demuestra que una mayor exposición a las pantallas determina limitaciones en el desarrollo de nuestro peque. Tal y como se cita en este estudio, «cuando los niños están frente a una pantalla, están perdiendo oportunidades para practicar y dominar las habilidades interpersonales, motoras y de comunicación». Y es que las pantallas influyen en aspectos del desarrollo tan importantes como:

* Disminuyen su atención y capacidad de concentración.
* Limitan su creatividad.
* Coartan su imaginación.
* Restringen su intención comunicativa.
* Disminuyen el número de experiencias e interacciones sociales.
* Reducen la exploración del entorno.
* Disminuyen y limitan la actividad física.
* Provocan alteraciones en el sueño.
* Generan la necesidad de inmediatez.
* Aumentan la probabilidad de experimentar síntomas de ansiedad y depresión.

Mi objetivo aquí no es, ni mucho menos, demonizar las pantallas. Es más, me gustaría partir de una realidad en la que consideremos que la mayoría de los niños, en mayor o menor medida, van a estar expuestos a estos dispositivos en algún momento. La realidad es que nuestro día a día gira en torno a pantallas, sean estas del tipo que sean: móvil, tableta, televisión u ordenador. Sí es cierto que, en ocasiones, me encuentro ante un argumento muy repetido entre algunos familiares que considero importante rebatir, por si en algún momento se nos pasara por la cabeza o nos viene dado por alguna otra persona de nuestro entorno: «En un mundo que gira en torno a las nuevas tecnologías, será beneficioso que aprendan a manejar estos dispositivos cuanto antes; de lo contrario, se quedarán atrás».

Coincidimos en que este es uno de los aprendizajes esenciales que tendrá lugar en la vida del niño, pero, si somos capaces de adquirir habilidades y destrezas como practicar un nuevo deporte o dominar una segunda lengua en años posteriores, ¿consideramos en realidad que nuestro peque no será capaz, más adelante, de aprender a manejar un dispositivo?

No nos adelantemos. Nuestro peque no necesita un móvil o una tableta en los primeros años de vida. Nuestro peque necesita explorar y experimentar sus capacidades y su entorno, así como interactuar con las personas que le rodean. Solo eso.

Por lo tanto, ¿nuestro objetivo siempre será que, en los dos primeros años de vida, nuestro peque no tenga ningún tipo de contacto con pantallas?

Por supuesto.

¿Y que, a partir de los dos años, la exposición a una pantalla sea la mínima posible?

Sí, esto también hay que decirlo. Entre los dos y los cinco años, el tiempo de exposición debería ser, como máximo, una hora al día.

Ahora bien, ¿qué hacemos en esos momentos en los que somos nosotros los que necesitamos recurrir a las pantallas para entretenerlos?

Si se trata de momentos puntuales en los que, por ejemplo, no disponemos de ayuda y tenemos que llevar a cabo una determinada tarea (tan básica como puede ser una simple ducha), no tenemos que fustigarnos ni castigarnos por ello. El problema viene cuando esos momentos dejan de ser puntuales, y se convierten en habituales y durante largos periodos de tiempo.

No obstante, sí hay cuatro momentos en los que deberíamos evitarlas a toda costa: a la hora de comer, a la hora de dormir, a la hora de divertirnos y a la hora de experimentar nuestras emociones.

* *A la hora de comer:* si nuestro peque, día tras día, está ensimismado en lo que sucede en la pantalla, y nosotros aprovechamos esos momentos para darle de comer, el niño nunca será consciente de sus sensaciones de hambre o saciedad. De esta forma, con el paso del tiempo, su relación con la comida se verá alterada.

* *A la hora de dormir:* se trata de su empleo en las dos horas previas a la hora de irnos a la cama. La luz azul que emiten los dispositivos suprime la producción de melatonina, la hormona que ayuda a que el cuerpo y el cerebro se relajen, alterando así el ciclo natural del sueño.

* *A la hora de divertirnos o disfrutar del tiempo libre:* la cantidad de estímulos audiovisuales que proporciona un dispositivo es tan alta que, tras su uso, será realmente complicado que nuestro peque encuentre la misma diversión y satisfacción que le aporta una pantalla en cualquier otro material, juguete o actividad.

* *A la hora de experimentar nuestras emociones:* si, cuando experimentamos sentimientos de tristeza, enfado o frustración, recurrimos a las pantallas como si de un cortafuegos se tratara, estaremos privando a nuestro peque de la posibilidad de experimentar, convivir y aprender a manejar esas emociones.

Va a resultar difícil, lo sé. Pero también sé que va a merecer mucho la pena todo el esfuerzo que invirtamos cada día en ello. En este libro vas a encontrar alternativas al uso de estos dispositivos, pero he querido ir un pasito más allá y que sigamos juntos en esto creando un área privada en mi web para todos los lectores (tienes todas las instrucciones en la introducción), en la que podrás descubrir más actividades, recursos y talleres con los que poder acompañar a tu peque y así evitar que las pantallas condicionen su desarrollo.

APRENDIZAJE DE CONCEPTOS

El recorrido por el desarrollo cognitivo del niño no podía finalizar sin antes hacer referencia a los aprendizajes más puramente conceptuales. Con ellos, quiero hacer referencia al aprendizaje de conceptos como los colores, los tamaños, las formas, los números, las letras, etcétera.

Son aprendizajes que tradicionalmente, como veíamos al inicio de este capítulo, asociamos mucho a la cognición, el pensamiento o la inteligencia de nuestro peque.

Por supuesto, el aprendizaje de estos conceptos es fundamental y, a continuación, veremos a qué edades y de qué formas podemos estimular su adquisición, pero, como ya sabemos, no todo se reduce al manejo que un niño muestra de ellos.

* *1-2 años:* nuestro peque reconoce, discrimina y clasifica los colores básicos (rojo, azul, amarillo y verde), clasifica fi-

guras geométricas básicas (círculo, cuadrado y triángulo) y objetos según su tamaño (grande y pequeño).

* *2-3 años:* aprende a contar elementos y empieza a reconocer los primeros números, identifica los colores básicos y las figuras geométricas básicas, y comprende los conceptos igual/diferente.

* *3-4 años:* cuenta y reconoce los números del uno al diez, identifica y nombra algunos colores secundarios (rosa, naranja, morado…), ordena elementos según su tamaño, tienen lugar sus primeros contactos con las letras (siempre que muestre interés por ellas), comprende y utiliza conceptos espaciales básicos (encima/debajo, delante/detrás, cerca/lejos) y conceptos opuestos (alto/bajo, largo/corto, caliente/frío, limpio/sucio, duro/blando…).

Consejos y actividades para estimular el aprendizaje de conceptos de nuestro peque en casa

* Plantear actividades siempre desde el juego. Sin prisas, sin presiones y sin forzar. El aprendizaje del concepto debe ser más una consecuencia que el objetivo de nuestra actividad. Si nuestro peque disfruta realizando algo, a través de la repetición obtendremos ese aprendizaje.

* No forzaremos a nuestro peque a tener interés por un determinado concepto, sino que nuestra función será generar ese interés en él.

* No adelantarnos estimulando aprendizajes que corresponden a etapas posteriores. Por ejemplo, y el más habitual, el aprendizaje de la lectoescritura.

* En estos primeros años de vida, podemos llevar a cabo muchas actividades manipulativas con las que estaremos contribuyendo a su aprendizaje (dibujar formas en arena, enroscar y desenroscar, recortar, enhebrar y coser, pegar y despegar…) sin necesidad de forzarle a aprender las letras como tal.

* Asegurar siempre antes su comprensión que su expresión. Como ya sabemos, antes de que nuestro peque diga una palabra, tiene que comprender su significado. Por lo tanto, antes de decir, por ejemplo «rojo», el niño debe saber que esa palabra hace referencia a ese color.

* Un ejemplo de actividad podría ser localizar todos los objetos de color rojo que encontremos en casa, antes de pedir al niño que diga de qué color es un determinado objeto.

CAPÍTULO 3

EL DESARROLLO MOTOR

L a evolución de los movimientos de nuestro peque y su coordinación, que tendrá lugar desde el nacimiento hasta los tres años, es sencillamente fascinante. Durante el primer año de vida, seremos testigos de cómo, prácticamente cada mes, nuestro bebé aprenderá a hacer algo diferente en lo que al ámbito motor se refiere. Una vez cumplido su primer año, tendrá lugar el inicio de sus primeros pasos y, con ellos, el camino hacia una mayor independencia: el desplazamiento autónomo.

Además, en paralelo, seremos testigos de cómo evoluciona la manipulación de nuestro pequeño cuando, progresivamente, adquiera mayor tonicidad y precisión en los movimientos llevados a cabo por sus manos.

Déjame acompañarte en este maravilloso recorrido, en el que veremos cuáles son las etapas más significativas por las que pasarán nuestro peque y su desarrollo motor, qué características las definen y cuáles son los principales signos de alerta que hay que tener en cuenta en este campo.

No obstante, antes de iniciar este recorrido, considero fundamental que conozcamos (o recordemos) la diferencia que existe entre dos términos que utilizaremos en repetidas ocasiones a lo largo de este capítulo:

* *Desarrollo motor grueso:* se refiere a los movimientos relacionados con la locomoción, la coordinación y el equili-

brio, y requiere de la participación de grupos musculares amplios. En él, contemplaríamos acciones como gatear, andar, correr o saltar.

* *Desarrollo motor fino:* se refiere a los movimientos relacionados con la destreza manual, la coordinación oculomanual y la percepción visomotora, y requiere de la participación de grupos musculares más restringidos. En él, contemplaríamos acciones como abrocharse un botón, picar con un punzón, enhebrar, recortar o escribir.

Para que el desarrollo de estas áreas siga su curso y respetar al máximo el ritmo y la evolución de nuestro peque, necesitará –por supuesto– nuestro acompañamiento, pero este no siempre implicará nuestra intervención. Es decir, el desarrollo motor requerirá que nuestro hijo se mueva, explore, experimente, ponga a prueba sus capacidades…, pero por sí mismo y, como decíamos, a su ritmo.

Por lo general, este es un ámbito hacia el que podemos sentir, en ocasiones, cierto miedo o reparo. Permitir que nuestro peque se suba, trepe, explore sus límites o, en definitiva, cualquier situación que pueda suponer algún tipo de riesgo, es algo que podemos no gestionar todo lo bien que nos gustaría.

Ahora bien, como lo que queremos es que nuestro hijo sea feliz y que su desarrollo tenga lugar sin dificultades, debemos tener muy presente que esto es precisamente lo que él necesita. Especialmente en aquellas ocasiones en las que nuestra mente pueda jugarnos malas pasadas.

«Pero, Bea, ¿qué pasa si se cae?» Por desgracia, no vamos a poder impedir siempre que nuestro peque se caiga. Esto, por supuesto, no quiere decir que no vayamos a intervenir nunca, sino que tendremos que evaluar los riesgos reales que supone una determinada acción para saber si es o no necesario que impidamos que esta se lleve a cabo. En estas circunstancias, resulta de gran ayuda traer a nuestra mente un pensamiento que puede facilitarnos las cosas: «Lo hago con miedo, pero lo hago».

Pero también puede suceder que, por lo contrario, haya ocasiones en las que empujemos a nuestro peque a hacer cosas para las que todavía no se siente preparado. Uno de los motivos más frecuentes que nos suele llevar a actuar así es que, una vez alcanzada la edad cronológica, nuestro hijo no sea todavía capaz de llevar a cabo un determinado hito evolutivo. Si esto sucediera, resultaría mucho más recomendable que consultáramos con un experto (en este caso, un fisioterapeuta) que pudiera guiarnos y mostrarnos qué pasos seguir, antes que forzar al niño y provocar daño, malestar y frustración.

Para disponer de esta información y saber qué hitos corresponden a cada una de las edades, iniciamos este recorrido por el desarrollo motor grueso y fino del niño desde el nacimiento hasta los tres años.

Resulta fundamental tener en cuenta que las edades reflejadas en cada hito del desarrollo motor son orientativas y lo más importante es que sigamos el ritmo del desarrollo de nuestro peque. Sin prisas, sin forzar, sin intentar que nuestro hijo haga cosas para las que no está preparado. No permitamos que comentarios como «pero ¿el niño todavía no gatea?» nos desenfoquen y nos alejen de lo que es realmente significativo.

DESARROLLO MOTOR GRUESO
Reflejos primitivos

Los reflejos primitivos (también conocidos como primarios o arcaicos) son los movimientos musculares involuntarios, innatos y automáticos que observamos en nuestro bebé como respuesta a determinados estímulos, que forman parte de un desarrollo motor (y neurológico) sin alteraciones.

Estos reflejos tienen una función de supervivencia, puesto que surgen como reacción a estímulos externos que pudieran proveer de alimentación o protección al bebé.

Todos ellos tienen lugar desde el momento del nacimiento (algunos incluso semanas antes de este) y su desaparición varía de un mes a otro en función del tipo de reflejo, si bien la bibliografía publicada al respecto no determina edades concluyentes:

*   *Reflejo de búsqueda:* aparece cuando tocamos y estimulamos la mejilla de nuestro bebé, que girará la cabeza hacia el lado del estímulo y abrirá la boca. Este reflejo desaparece alrededor de los cuatro meses.

*   *Reflejo de succión:* aparece cuando rozamos los labios del bebé, que abre la boca y desencadena un movimiento rítmico de succión. Este reflejo desaparece alrededor de los cuatro meses.

*   *Reflejo de Moro:* aparece ante movimientos bruscos, cuando el bebé siente que cae de espaldas. Reacciona abriendo sus brazos, tensándolos. Una vez finalizado el sobresalto, los vuelve a flexionar. Este reflejo desaparece alrededor de los cuatro meses.

*   *Reflejo de prensión palmar:* aparece cuando estimulamos o colocamos algo en la palma de la mano de nuestro bebé y este reacciona agarrándolo y ejerciendo presión sobre ello. Este reflejo desaparece alrededor de los cinco o seis meses de vida.

*   *Reflejo de prensión plantar:* aparece cuando estimulamos la planta del pie del bebé, presionando debajo de sus dedos. La reacción esperada es que nuestro peque flexione los dedos, como queriendo atrapar nuestro dedo o el ob-

jeto con el que le estimulemos. Este reflejo desaparece en torno a los nueve o diez meses de vida.

* *Reflejo tónico cervical:* aparece cuando, acostado boca arriba, giramos la cabeza de nuestro bebé hacia uno de los lados. El brazo y la pierna del lado sobre el que gira quedarán extendidos, mientras que el brazo y la pierna que se elevan quedarán flexionados. Este reflejo desaparecerá entre los cuatro y los seis meses de vida.

* *Reflejo de Babinski:* aparece cuando recorremos la planta del pie de nuestro bebé desde el talón hasta los dedos. El niño reaccionará extendiendo el dedo gordo del pie y separando el resto de dedos, los unos de los otros. Este reflejo suele desaparecer alrededor de los doce meses, pero puede prevalecer hasta los dos años.

* *Reflejo de Galant:* aparece cuando, colocado el bebé boca abajo o en suspensión (sujeto por el vientre), estimulamos su espalda deslizando nuestro dedo a lo largo de su columna, de arriba abajo, por el lado derecho o izquierdo. La respuesta del niño será curvar su tronco hacia el lado que se ha estimulado. Este reflejo suele desaparecer alrededor de los nueve meses.

* *Reflejo de marcha automática:* aparece cuando sujetamos a nuestro bebé por debajo de los brazos, en posición vertical y sobre una superficie lisa y dura. Al entrar en contacto con la superficie, su respuesta desencadena un movimiento involuntario de los pies muy similar al que realizamos al caminar. Este reflejo desaparece en torno al tercer mes de vida.

Es muy importante que, durante los primeros días de vida, se realice una valoración de estos reflejos, puesto que la ausencia de alguno (o algunos) de ellos podría indicar una disfunción en el sistema nervioso central del bebé.

Control cefálico

Uno de los primeros cambios y aprendizajes que observamos en nuestro bebé en el plano motor corresponde con el control de la cabeza. Alrededor del tercer mes de vida, el niño es capaz de sostener su cabeza durante breves periodos de tiempo y, cuando está boca abajo, es capaz de levantarla para observar y explorar su entorno.

Para estimular y ayudar a nuestro peque a desarrollar este control, resulta muy recomendable que, desde el primer mes de vida y durante muy pocos minutos al principio, pongamos en práctica lo que conocemos como *tummy time* («tiempo boca abajo»). Para ello, comenzaremos de forma muy gradual, colocando a nuestro peque boca abajo sobre nuestro pecho. Poco a poco, iremos aumentando esos periodos de tiempo y explorando otros espacios sobre los que llevar a cabo esta misma acción. Siempre sin forzar, siguiendo el ritmo del niño.

Para ello, podemos llevar a cabo estas actividades:

* Colocar en el suelo, delante de él, juguetes u objetos de diferentes materiales y texturas que puedan ser de su interés para llamar su atención. De esta forma, será una actividad motivante y divertida para él, ya que para mirarlos tendrá que elevar la cabeza. Para facilitar esta tarea, podemos utilizar una cuña terapéutica, sobre la que colocaremos el cuerpo de nuestro peque tal y como se representa en la imagen.

* Como decíamos, nada será tan estimulante y atractivo para nuestro hijo como la cara de mamá o papá. Por lo tanto, tumbados, colocaremos al niño sobre nuestro cuerpo y llamaremos su atención para que, poquito a poco, vaya elevando su cabeza para poder vernos.

Importante: esta práctica nunca será llevada a cabo a la hora de dormir, momento en el que seguiremos las recomendaciones de los profesionales y colocaremos a nuestro peque boca arriba.

* Poner a nuestro bebé delante de un espejo también llama mucho su atención. Esta es otra actividad atractiva y motivadora que le animará a elevar su cabeza para explorar su propio reflejo.

Con este tipo de prácticas, durante los breves periodos de tiempo que nuestro peque sea capaz de sostener su cabeza, estará fortaleciendo los músculos del cuello y la espalda, previniendo la plagiocefalia y, además, explorando su entorno desde una perspectiva diferente, estimulando también su desarrollo cognitivo.

Volteo

El siguiente hito en el desarrollo motor de nuestro peque será el volteo, es decir, ese momento en el que el niño es capaz de darse la vuelta por sí mismo. Esto suele suceder alrededor de los seis meses, pero como en la adquisición de cualquier otro hito del desarrollo, no se trata de una ciencia exacta y puede suceder antes, pero también después (hasta los ocho meses).

A partir del cuarto o quinto mes (dependiendo del nivel de desarrollo de nuestro peque), ya podemos empezar a estimular el volteo. Para ello, nos ponemos a uno de los lados del peque o colocamos juguetes u objetos que llamen su atención para incentivarle a que dirija todos sus esfuerzos a inclinarse hacia ese lado. Para ayudarle un poquito más, si, por ejemplo, hemos colocado un juguete a la izquierda, estiramos su brazo y su pierna izquierda y flexionamos su pierna derecha para ayudarle a hacer el giro. Una vez boca abajo, estabilizamos su cuerpo y, si es necesario, le ayudamos a sacar el brazo sobre el que hemos llevado a cabo el giro (hay veces que les cuesta un poquito sacarlo).

Es muy importante que la persona o el objeto llamen verdaderamente la atención de nuestro bebé, para que así dirija su cabeza hacia ese lado.

En un mundo en el que cada vez disponemos de más recursos e instrumentos que tienen como objetivo que nuestro peque no se mueva (hamacas, cojines antivuelco, columpios, tumbonas, etcétera), debemos tener cuidado para utilizar estos elementos a favor y no en contra del desarrollo del bebé. Para ello, es importante que utilicemos estos recursos en momentos muy puntuales y no de forma habitual —hemos de evitar que el niño pase las horas e incluso los días depositado en ellos—. Si esto sucediera, estaríamos limitando el desarrollo de nuestro bebé, puesto que le resultaría imposible explorar y poner a prueba sus capacidades hasta adquirir el volteo.

Además, debemos tener especial cuidado con el uso de los cambiadores cuando iniciamos esta etapa. A la hora de cambiar el pañal, tenemos que prestar atención durante todo el proceso, puesto que, en un mínimo descuido, el bebé podría sufrir una caída importante.

Sedestación

La sedestación es la posición en la que el niño se mantiene sentado por sí mismo. Para que nuestro bebé sea capaz de alcanzar esta posición, será necesario que previamente haya adquirido cierta tonicidad en la musculatura y el control suficiente para mantener la verticalidad de su cuerpo y sostener la cabeza.

Los ejercicios y las actividades que veníamos realizando en meses anteriores con el objetivo de que nuestro peque controlara su cabeza y volteara su cuerpo nos permitirán trabajar indirectamente la sedestación, pues con ellos fortaleceremos los músculos necesarios para alcanzar esta posición. No obstante, si alcanzados los ocho/nueve meses de vida, observamos que el niño no intenta adoptar esta postura, lo más recomendable será que consultemos con un fisioterapeuta para saber si es necesario llevar a cabo cualquier otra acción.

Casi en paralelo al volteo, alrededor de los seis meses, nuestro bebé empezará a intentar sentarse solo. Probablemente, hasta los siete-nueve meses no conseguirá la estabilidad necesaria para mantenerse sentado de manera independiente. Lo más recomendable es no forzar a nuestro peque hasta que no esté preparado para la sedestación, es decir, si vemos que la cabeza queda inclinada hacia delante o que su espalda se curva demasiado.

Una vez que nuestro peque intente quedarse sentado, su éxito no solo dependerá de su musculatura, sino también de su equilibrio. No será lo mismo para él permanecer quieto en esa posición, que permanecer en ella mientras alguna otra parte de su cuerpo también se mueve, por ejemplo, sus brazos para coger un juguete. Por lo tanto, y hasta que alcance esta habilidad, conviene rodear a nuestro peque con almohadas o cojines (el cojín de lactancia es perfecto para esta etapa), para así evitar o amortiguar las caídas.

Reptación

También en esta etapa, a partir de los seis-siete meses, nuestro peque inicia la reptación o el arrastre. Es cierto que se trata de una fase generalmente corta, frecuente (aunque no todos los niños la atraviesan) y a la que no solemos dar tanta importancia como a otros hitos del desarrollo motor.

La reptación, que consiste en que el bebé se arrastre boca abajo por el suelo con la ayuda de sus brazos y piernas, supone su primera forma de desplazamiento autónomo. Presenta grandes beneficios motores, pero también cognitivos, puesto que supone una nueva forma de exploración del entorno.

Para favorecer la reptación, colocamos a nuestro peque boca abajo a ratitos en una superficie lisa y segura y, cuando veamos que nuestro bebé inicia esos primeros intentos de desplazamiento, colocamos sus juguetes a poca distancia, pero sin dejar que los alcance simplemente estirando el brazo.

Para favorecer la reptación, con el bebé boca abajo, juntaremos sus pies en la línea media, doblaremos sus piernas y simplemente actuaremos como soporte. La idea no es que nosotros le ayudemos a llevar a cabo ese desplazamiento, sino que nuestro peque estire las piernas ejerciendo presión sobre nuestras manos y así se desplace por sí mismo.

No obstante, si las primeras veces no llega a conseguirlo, podemos ejercer una ligera presión para que nuestro peque perciba el movimiento objetivo.

Una vez que alcancemos esta fase, haremos de soporte solo para una de las piernas, estando esta doblada, para fomentar la alternancia (el desarrollo de un patrón cruzado) que requieren la reptación y, posteriormente, el gateo. La pierna doblada sobre la que nuestro bebé ejercerá el impulso será la contraria al brazo estirado.

Lo más importante es generar estas oportunidades de aprendizaje. Si se lo facilitamos todo a nuestro bebé, dándole aquello que pretende alcanzar, si no pasa tiempo en el suelo, si no pasa ratitos boca abajo…, muy difícilmente podrá adquirir esta y otras habilidades.

Gateo

El gateo, es decir, el desplazamiento llevado a cabo sobre cuatro puntos de apoyo, es el hito motriz que surge alrededor de los nueve meses de edad. No obstante, como cada hito del desarrollo que asociamos a una edad, esto es solo un dato de referencia, puesto que el ritmo y la evolución única y exclusivamente dependerá de nuestro bebé.

Tanto es así que existe la posibilidad de que nuestro peque no llegue a gatear, omita esta etapa y directamente se ponga de pie para dar sus primeros pasos, pese a que hayamos favorecido el movimiento libre hasta esta edad.

¿Qué sucede si nuestro peque no gatea?

Esta es una de las preocupaciones más frecuentes cuando, llegados los diez u once meses, nuestro peque no ha desarrollado esta habilidad.

Que nuestro bebé no gatee no significa que tenga un problema o una alteración en su desarrollo, pero sí que habrá ciertas destrezas y experiencias (derivadas del gateo) que no disfrutará y que, por lo tanto, tendremos que compensar a través de otros medios.

Para saber cuáles son estas experiencias, vamos a analizar cuáles son los beneficios que proporciona el gateo. Así, en caso de que nuestro peque no gatee, trataremos de alcanzarlos a través de ejercicios y actividades alternativas.

¿Qué beneficios aporta el gateo?

* Tonifica la musculatura.

* Favorece la coordinación y el equilibrio.

* Promueve el trabajo simultáneo de ambos hemisferios cerebrales.

* Estimula la lateralidad.

* Facilita la percepción del propio cuerpo.

* Aumenta la resistencia física.

* Favorece la exploración y el conocimiento del entorno.

* Promueve la independencia y la autonomía.

* Favorece la toma de decisiones y el cálculo de distancias.

* Estimula la visión.

Como ves, son muchos los beneficios que aporta el gateo. Que nuestro peque llegue a desarrollar o no esta habilidad va a depender, en gran medida, de dos variables: las oportunidades de movimiento libre que tenga desde el nacimiento y la tolerancia que manifieste a colocarse boca abajo. A lo largo de este capítulo hemos recalcado ya la importancia de estos dos factores en el desarrollo psicomotor del bebé y, una vez más, vuelven a ser determinantes.

Consejos y actividades para ejercicios para estimular el gateo

* Utilizaremos un rodillo o cojín con forma cilíndrica (nuestra propia pierna o una toalla enrollada pueden servirnos)

y lo colocaremos debajo del peque. Generaremos un pequeño balanceo, colocaremos sus juguetes delante de él para motivarle y procuraremos que apoye sus manos y sus piernas para alcanzarlos. Con esto, facilitaremos la postura sobre cuatro apoyos.

* Nuestro ejemplo siempre será la mejor herramienta y, en esta ocasión, no iba a ser diferente. Nos colocaremos al lado de nuestro peque, en la misma posición que él tiene que adoptar, y llevaremos a cabo los movimientos que él mismo tendría que realizar. Poco a poco, y de forma espontánea, nuestro hijo tratará de imitarnos.

* Nuestro objetivo final es que nuestro peque gatee siguiendo un patrón cruzado, es decir, que lleve a cabo su desplazamiento a través de la coordinación simultánea de brazos y piernas: adelantando el brazo derecho y la pierna izquierda al mismo tiempo, para después dar paso al brazo izquierdo y a la pierna derecha en sincronía. Podemos recrear de manera artificial este movimiento modelando a nuestro bebé hasta que adquiera e incorpore este patrón.

Nuestro peque se desplaza sentado, arrastrándose por el suelo

Esta es otra de las preocupaciones más habituales en esta etapa. Cuando, en lugar de gatear, nuestro bebé se desplaza y explora su entorno de una forma diferente: la más habitual, sentado (en ocasiones, incluso realizando el desplazamiento hacia atrás).

No tenemos de qué preocuparnos. Se trata de una estrategia alternativa; son variaciones del movimiento que lleva a cabo el niño consideradas igualmente válidas.

No obstante, ante esta situación, sí que sería muy recomendable que lleváramos a cabo los ejercicios descritos anteriormente, para así estimular el gateo y ofrecer a nuestro peque otras estrategias de movimiento.

Primeros pasos

Llegamos a uno de los más ansiados momentos en el desarrollo motor del niño: sus primeros pasos.

Entre los nueve y los doce meses de edad, nuestro peque empezará a ponerse de pie, ayudándose de los diferentes elementos que encuentre en su entorno. Es muy importante tener en cuenta que, como en el resto de etapas, adelantarnos al desarrollo del niño e intentar, en este caso, ponerle de pie antes de que esté preparado solo puede conllevar consecuencias negativas.

Por lo tanto, la recomendación más importante para esta etapa del desarrollo será respetar los tiempos de nuestro hijo, al mismo tiempo que le proporcionamos la posibilidad de moverse y desenvolverse en un entorno seguro.

Los pasos que normalmente seguirá nuestro peque a la hora ponerse de pie son:

Gateo → Arrodillado → Caballero → Bipedestación

Generalmente, entre los once y los trece meses (algunos peques antes y otros después), suelen dar sus primeros pasos y empiezan a recorrer distancias cortas. No obstante, pueden no hacerlo hasta los dieciocho meses. A partir de esta edad, el hecho de que nuestro hijo no camine se convierte en un signo de alerta en su desarrollo.

Consejos y actividades para estimular sus primeros pasos

* Evitar el uso de andadores, tacatás o cualquier otro instrumento que limite el movimiento del niño.

* Siempre que sea posible, lo mejor es que nuestro peque esté descalzo.

* Cuando el niño ya se ponga de pie por sí mismo, le colocaremos con su espalda apoyada en una pared, frente a nosotros, y le ofreceremos diferentes juguetes. Al principio permaneceremos a su lado, pero después iremos tomando cierta distancia. De esta forma, le motivaremos a dar sus primeros pasos cuando se sienta preparado.

* *Marcha lateral:* los primeros pasos de nuestro peque suelen ser laterales. Por lo tanto, si le facilitamos una superficie (por ejemplo, el sofá) sobre la que pueda ir desplazándose con apoyo, podremos mover sus juguetes a un lado y otro de esa superficie para fomentar la marcha.

* *Marcha entre islas:* colocando dos elementos a poca distancia, nuestro peque será capaz de cambiar su punto de apoyo de uno a otro y desplazarse por sí mismo.

Nuestro peque no quiere caminar

De estos primeros pasos, poco a poco, irá surgiendo la marcha. Con ella, nuestro peque ganará la autonomía y la independencia necesarias para desplazarse por sí mismo, sin necesidad de ayuda. No obstante, no será hasta los cinco o seis años, aproximadamente, cuando consiga seguir un ritmo similar al de un adulto.

Por lo tanto, viviremos un periodo de transición en el que el niño pasará de ser desplazado en carrito o, lo que es mucho mejor para él, en brazos de mamá o papá, a empezar a caminar y desplazarse de manera independiente. Este periodo, como cualquier otro que suponga un cambio, conllevará cierto tiempo y, en algunos casos, ciertas dificultades.

La dificultad más frecuente a la que nos enfrentamos en esta etapa suele ser que nuestro peque no quiera que le llevemos en el carro (porque, para él, ya ha alcanzado una independencia que no quiere perder), pero que tampoco quiera caminar (puesto que todavía no está preparado para llevar a cabo grandes desplazamientos), y solo quiera ir en brazos.

Lo más importante es tener presente que se trata simplemente de eso: de una etapa, una fase completamente normal en el desarrollo del niño y, por lo tanto, tenemos que afrontarla con la paciencia y la empatía que requiere.

Parémonos a pensar: pudiendo ir en brazos, en contacto con mamá o papá (lo que, normalmente, conlleva una conversación, una canción o, en definitiva, un momento juntos), ¿crees que nuestro peque preferirá ir andando o en la silla cuando, por lo general, es algo más aburrido y en solitario? Seguro que la gran mayoría coincidimos en nuestra respuesta.

Ahora bien, aunque tengamos en cuenta las preferencias de nuestro peque, tampoco podemos satisfacerlas en todo momento. Resultaría inviable, ¿verdad?

Por lo tanto, tendremos que buscar la manera de llevar a cabo pequeñas «negociaciones» en las que acordemos con nuestro peque los momentos en los que podrá ir en brazos, los momentos en los que tendrá que ir en el carrito y aquellos en los que tendrá que ir caminando.

Para estos últimos, lo mejor es buscar la motivación del niño. Y, como no podía ser de otra manera, la mejor forma de hallar esta motivación será siempre desde el juego. Por ejemplo, planteando pequeños retos: «¡Vamos a contar cuántos pasos hay hasta aquella papelera! Hum… ¡Yo digo que hay diez!

¿Cuántos dices tú?» o tiramos una pelota y le decimos: «¡Venga, a ver quién la coge primero!» (teniendo mucho cuidado de dónde se lanza para que no sea peligroso, por supuesto).

Finalmente, llegará un momento en el que, si no existe ninguna dificultad o diagnóstico de base, será el propio niño quien decida que ya no quiere ir en el carro, pero tampoco en nuestros brazos. Ese día, siendo tanto el anhelo que sentimos por llegar a esta etapa, todo aquello que hayamos tenido que batallar nos resultará insignificante.

Primeros saltos

Entre los dieciocho y los veinticuatro meses, nuestro peque ha ido perfeccionando sus habilidades motoras a través de la exploración del entorno y de las diferentes experiencias y oportunidades de aprendizaje a las que se ha visto expuesto. A esta edad, el niño ya camina solo, escala y trepa, sube y baja escaleras con ayuda, mantiene mucho mejor su equilibrio y es capaz de permanecer durante unos segundos sobre uno de sus pies.

A partir de esta edad, los dos años, al ver que ya posee estas capacidades, nuestro hijo empezará a intentar saltar. Al principio, se agachará, se estirará, pero no conseguirá perder el contacto con el suelo. Más tarde, cambiará el apoyo de un pie a otro y, poco a poco, a través de elementos como pequeños escalones o bordillos, en los que pueda reproducir el movimiento con ayuda, irá perfeccionando su técnica.

Si a los tres años observáramos que no es capaz de levantar los pies del suelo, que solo se impulsa hacia uno de los lados o se cae cuando salta o intenta saltar, sería recomendable que lo consultáramos con un especialista.

Saltar es una acción a la que, por lo general, al estar tan integrada en nuestro día a día y en el de nuestros peques, no solemos dar la importancia que realmente tiene. Sin embargo, son muchos los beneficios que aporta este movimiento al desarrollo del niño:

* Favorece el correcto desarrollo muscular.

* Mejora la condición física y la salud.

* Mejora el equilibrio, la coordinación y la lateralidad.

* Libera energía y dopamina.

* Desarrolla el esquema corporal.

* Permite al niño aprender medidas de profundidad y a tomar conciencia del espacio.

Saltar es una actividad divertidísima que nuestro peque estará encantado de llevar a cabo siempre que tenga oportunidad, por lo que será estupendo que fomentemos el número de ocasiones en las que pueda desarrollarla.

DESARROLLO MOTOR FINO
Desarrollo de las manos

Cuando nuestro bebé nace, apenas es consciente de sus manos. Es más, durante los primeros meses de vida, observaremos cómo permanece la mayor parte del tiempo con sus manos cerradas. Esto no quiere decir que exista una alteración en el desarrollo de nuestro peque ni dificultad alguna, todo lo contrario; si volvemos al inicio de este capítulo, en el que revisábamos los reflejos del recién nacido, recordaremos la existencia del reflejo de prensión palmar, responsable de que nuestro peque cierre la mano ante cualquier estímulo o prensión en ella. Es por ello que, lo esperable, principalmente durante los tres o cuatro primeros meses de vida, es que nuestro peque tenga las manos generalmente cerradas.

Alrededor de los tres o cuatro meses, cuando este reflejo ya no es tan intenso, podremos observar cómo sus manos permanecen abiertas mucho más tiempo y, además, vemos cómo empieza a coordinarlas, a jugar con ellas y a coger algunos objetos en la línea media. Esto supone la adquisición de un gran hito en su desarrollo.

En torno a los cinco o seis meses de vida, el bebé será capaz de coger los objetos de una forma global, voluntaria e imprecisa, utilizando fundamentalmente los dedos meñique, anular y corazón, y apoyándose en la palma de su mano para efectuar el agarre. Además, observaremos un «movimiento de rastrillo» con el que el bebé arrastrará el objeto hacia sí para facilitar su prensión.

Es en esta etapa cuando, además, podremos observar cómo nuestro bebé empieza a coger un objeto con cada mano. Por lo tanto, alrededor de los seis o siete meses, ya será capaz de manipular objetos con las dos manos, coger uno con cada mano, chocarlos, soltarlos y cambiar objetos de una mano a otra.

Hacia los siete a nueve meses aparece la pinza digital, pero en una forma todavía muy rudimentaria. Arnold Gesell denomina a este agarre *pinza inferior*. Con esta expresión hace referencia al uso de la base media del pulgar y el borde lateral del índice para coger un objeto.

Entre los nueve y los doce meses tiene lugar el perfeccionamiento progresivo de esta pinza, hasta realizar la *pinza superior*, en la que ya sí tendrá lugar la participación de las yemas de los dedos pulgar e índice en total oposición.

A partir de los doce meses, nuestro peque ya será capaz de manipular todo tipo de objetos y texturas, y desarrollará una mayor precisión a la hora de realizar este agarre en pinza, el cual le permitirá descubrir y experimentar todo su entorno.

Consejos y actividades para estimular el desarrollo de las manos?

Para que el desarrollo de las manos de nuestro peque se produzca sin dificultades, podemos llevar a cabo una serie de ejercicios y actividades en casa que estimulen su uso, adaptándonos siempre al momento en el que se encuentre la evolución del niño.

Estas actividades son especialmente beneficiosas en los primeros doce meses de vida, pero serán de gran utilidad también más allá de esta edad:

* *Masajes en las manos:* aprovechemos los momentos de relajación, de placer y bienestar para conectar con nuestro peque mientras manipulamos sus manitas, ejerciendo una ligera presión sobre ellas y realizando diferentes movimientos (apertura, cierre, giros…).

* *Ofrecerle cuentos, juguetes y objetos que llamen su atención:* jugaremos con diferentes elementos, tratando de que nuestro peque los alcance y manipule para que pueda experimentar con diferentes tamaños, formas y texturas.

* *Canciones:* como nuestras tradicionales «Cinco lobitos» o «Palmas palmitas», por ejemplo, que fomentan la imitación y el movimiento de las manos de nuestro bebé.

* *Juegos de manos:* podemos jugar a chocarlas, a tocarlas, a girarlas, a abrirlas y cerrarlas, etcétera. Todo lo que se nos ocurra para movilizar sus manitas será maravilloso para su desarrollo.

Actividades para estimular la motricidad fina

El término *grafomotricidad* se forma a partir de los conceptos *grafo* («escritura») y *motricidad* («movimiento»). Su significado, por lo tanto, hace referencia a los movimientos necesarios que tenemos que llevar a cabo a la hora de escribir.

Estos movimientos requieren de una precisión y un control que nuestro peque alcanzará en edades posteriores a las que tratamos en este libro, pero hay algunas recomendaciones e indicaciones que podemos poner en práctica desde los primeros meses de vida, como las actividades señaladas en el apartado anterior, y, a partir de esta edad, las que se incluyen a continuación.

12-18 meses	18-24 meses
- Poner y quitar aros de un soporte vertical. - Apilar dos cubos en una torre. - Meter y sacar formas geométricas. - Pasar páginas de un cuento de cartón. - Golpear con un martillo.	- Meter monedas en una hucha. - Construir una torre de tres o cuatro cubos. - Hacer garabatos con pinturas, pintura de dedos, pinceles… - Imitar trazos verticales. - Ensartar anillas en un soporte vertical ajustado. - Enhebrar piezas formando un collar. - Desenvolver un caramelo u objeto pequeño.
24-30 MESES	30-36 meses
- Desenroscar botes. - Hacer bolitas de plastilina o arcilla. - Construir torres de cinco o seis cubos. - Clavar pinchitos con los dedos índice y pulgar. - Imitar trazos horizontales. - Pasar páginas de revista o papel suave. - Enhebrar y coser en un tablero. - Pegar y despegar gomets.	- Enroscar y desenroscar recipientes. - Construir una torre de seis a nueve cubos. - Clavar pinchitos siguiendo una serie. - Imitar el trazo de un círculo, una «X» y una «V». - Colorear una figura. - Moldear y rodar la plastilina cambiando su forma. - Picar con el punzón una superfície. - Iniciar el uso de tijeras redondas (abrir y cerrar).

LA AUTONOMÍA

En los tres primeros años de vida, la evolución que experimenta nuestro peque es totalmente asombrosa en todas las áreas de su desarrollo. A mí, personalmente, me emociona pensar en el camino que recorremos junto a él para pasar de ser un recién nacido totalmente dependiente a ser un pequeño adulto que es capaz de valerse por sí mismo y que concede especial importancia a su independencia.

Por lo tanto, nos adentramos en un ámbito fascinante, el de la autonomía, en el que analizaremos qué tipo de habilidades corresponden a cada una de las edades y trataremos con más detalle los temas que mayor controversia suelen generar, para que dispongas de toda la información necesaria y puedas tomar tus propias decisiones con criterio.

OPERACIÓN CHUPETE

En torno al uso del chupete aún hoy siguen existiendo grandes controversias. Son varios los estudios realizados hasta la fecha que determinan factores a favor y aspectos en contra, pero todavía no se han obtenido resultados concluyentes como para poder posicionarnos en una u otra orilla.

Por lo tanto, considero que se trata de una decisión muy personal de cada familia y que, sea cual sea esta, debe ser respetada y considerada como válida. No obstante, para llegar a tomar una decisión, siempre intento que las familias dispongan de toda la información necesaria y disponible para, a partir de ella, poder consensuar y posicionarse a favor o en contra del uso del chupete.

¿Es necesario el chupete?

Partimos de la pregunta más básica que puede surgirnos en torno a este tema. Teniendo en cuenta que el chupete es un elemento artificial creado para sustituir el consuelo que nuestro bebé encuentra en la succión del pecho materno, podemos afirmar que no, no se trata de un elemento indispensable para el desarrollo del niño.

No obstante, sí se convertirá en un gran aliado para aquellos peques lactados artificialmente y en aquellas situaciones en las que otras técnicas de calma o consuelo no nos ayudan a obtener resultados. De hecho, es curioso que, en inglés, el término utilizado para referirse al chupete sea «pacifier», que literalmente equivaldría a «pacificador» o «apaciguador».

¿Cuándo y cuánto tiempo podemos ofrecer el chupete a nuestro peque?

El momento a partir del cual podemos empezar a utilizar el chupete dependerá del tipo de alimentación de nuestro bebé:

* Si toma fórmula adaptada, no hay ninguna contraindicación para no poder usarlo desde el primer día de vida.

* Por el contrario, con la lactancia materna, se recomienda no ofrecer el chupete hasta que la lactancia esté totalmente establecida, puesto que el uso del chupete podría interferir en el agarre o la succión del pecho.

En cuanto a su uso, lo ideal y más recomendable es utilizar el chupete de forma muy puntual. Sabemos que, en muchas ocasiones, se trata del recurso más fácil, rápido y accesible que tenemos para calmar a nuestro bebé, pero si cuando llora tratamos de averiguar qué puede estar pasando antes de ofrecérselo (¿tiene sueño?, ¿tiene hambre?, ¿está nervioso?), podremos actuar en consecuencia sin necesidad de recurrir constantemente a él.

No obstante, como te decía, habrá situaciones en las que tenga sus necesidades totalmente cubiertas, hayamos dado mil vueltas pensando en qué le puede pasar y lo único que nos quede ya por hacer sea el pino puente con voltereta lateral (como quien dice) y aun así no conseguimos que nuestro peque se calme. Se entiende que, en ese tipo de situaciones, está más que justificado el uso del chupete.

Por lo tanto, como conclusión, el uso responsable del chupete es lo más recomendable en todos los casos.

Ventajas del uso del chupete

Por supuesto, el uso del chupete tiene sus ventajas. Algunas más evidentes y otras que nos pueden llamar más la atención, pero debemos tenerlas todas en cuenta.

La ventaja más significativa del uso del chupete es, sin duda, que este reduce el riesgo del tan temido síndrome de muerte súbita del lactante (SMSL). Uno de los estudios[6] realizados hasta la fecha contempla varias hipótesis a la hora de establecer esta correlación:

* El chupete podría aumentar la sensibilidad al despertar ante cualquier suceso amenazador (apnea obstructiva, arritmia cardiaca, condiciones externas que favorezcan la hipoxia o la asfixia, etcétera).

* El uso del chupete podría aumentar la habilidad para respirar por la boca en caso de que se obstruyera la vía nasal.

* El chupete podría favorecer que el bebé dirija la lengua hacia delante y que esto evite la obstrucción de las vías respiratorias.

La otra gran ventaja, como ya sabemos, es que satisface el reflejo de succión, lo que, a su vez, provoca un efecto tranquilizador en nuestro bebé.

Inconvenientes del uso del chupete

No obstante, en contraposición, también existen algunos inconvenientes que debemos tener en cuenta, sobre todo, ante el uso excesivo o prolongado del chupete:

* La succión que nuestro bebé lleva a cabo con el chupete es muy diferente a la que realiza en la lactancia materna. La tetina ocupa un espacio mucho mayor en su boca y esto ejerce una presión en el paladar (empujándolo hacia arriba), hace que la lengua se expanda (situándose a ambos lados entre los molares del bebé) y que exista también una mayor succión de los carrillos. Con ello, aumenta significativamente la probabilidad de que existan alteraciones en las estructuras orofaciales y, más concretamente, dentales (tales como paladar ojival, o mordidas abiertas o cruzadas).

* El riesgo de que el chupete se convierta en la solución fácil a la hora de calmar a nuestro bebé es otro de los inconvenientes si pensamos en el desarrollo emocional del niño. Si hacemos un mal uso o lo prolongamos en el

tiempo, estaremos transmitiendo a nuestro hijo la idea de que necesitamos un elemento externo para ser capaces de autorregularnos y gestionar nuestras emociones.

* El famoso riesgo de caries que provoca el chupete es solo un mito más. No obstante, aunque cada vez esta idea está menos extendida en nuestra sociedad, evita mojar el chupete en sustancias dulces (como azúcar, miel, mermelada…) para que así «esté más rico»; esto sí aumentaría el riesgo de caries.

* Asegúrate de que el chupete cumple la normativa europea en cuanto a seguridad; de no ser así, corres el riesgo de que se divida en varias partes y, con ello, uno de estos trozos pueda provocar la asfixia del bebé. En este punto, aprovecho también para recordar que está contraindicado el uso de collares o cuerdas para sujetar el chupete alrededor del cuello, ya que suponen un peligro para la seguridad de nuestro hijo.

¿Cuándo y cómo quitar el chupete?

A partir de los doce meses, es la edad indicada para iniciar la retirada del chupete. Sí, es cierto que puede que nos parezca que nuestro hijo es demasiado pequeño para iniciar este proceso y que todavía necesita mucho su uso para calmarse. Pero plantéate esta edad como punto de partida para dar el paso y, de forma progresiva, alcanzar este objetivo. De esta forma, evitaremos que las consecuencias negativas de las que hablábamos en el punto anterior interfieran en el desarrollo de nuestro peque.

A continuación se incluyen algunas recomendaciones y algunos recursos prácticos, que al final es lo que necesitamos en nuestro día a día. Recuerda que no hay dos peques iguales y que nuestra función será ir probando diferentes alternativas para ver cuál es la que mejor se adapta a las características y necesidades de nuestro hijo.

Importante: no le ofreceremos el chupete ni lo dejaremos a la vista. Siempre que no lo pida, el chupete será como si no existiera.

* Si lo pide, no se lo negaremos. De esta forma, generaríamos el efecto totalmente contrario: lo querrá más y mostrará mayor insistencia.

* No es necesario que su retirada se produzca de la noche a la mañana. Reduce su uso progresivamente, respetando el ritmo de tu peque.

* Observa qué momentos son lo que le provocan más necesidad para anticiparte a ellos y generar alternativas: por ejemplo, si cuando nos vamos del parque siempre nos lo pide, cogeremos a nuestro peque en brazos, le cantaremos una canción, le contaremos alguna historia, etcétera. Esto hará que las probabilidades de que se acuerde del chupete sean mucho menores.

* Procuraremos que no coincida con algún cambio importante que estemos llevando a cabo en nuestra vida: el inicio de la escuela infantil, un cambio de casa, un viaje largo de mamá…

* Como en muchas otras situaciones, los cuentos pueden ser grandes aliados. Te dejo algunos títulos en los que nuestro peque puede sentirse reflejado y actuar en consecuencia: *Edu ya no necesita el chupete*, *Bea deja el chupete* o *El libro dejachupetes*.

* Un ritual o preparar algo así como una fiesta de despedida también suele funcionar: reunir todos los chupetes que haya en casa (debidamente desinfectados, claro) para regalárselos a algún bebé que tengáis en la familia, entre los amigos o en el vecindario; escribir una carta de despedida al chupete; regalárselo a Papá Noel o a los Reyes Magos… son algunos de los rituales que mejor han funcionado entre las familias que atiendo en consulta.

* A medida que nuestro peque vaya ganando independencia (dejando el biberón, aprendiendo a desvestirse, ayudando en tareas de casa, etcétera, habilidades que se adquieren también a partir de los doce meses), su motivación será mayor hacia todo lo que suponga «crecimiento» y mayor autonomía. Nuestra actitud ante estos cambios es fundamental, mantenernos positivos, optimistas, motivados y trasladar esta perspectiva a nuestro peque facilitará el proceso en gran medida.

OPERACIÓN PAÑAL

Dejar el pañal, a diferencia del chupete, va a ser una etapa que todos nuestros peques atravesarán antes o después. Tal y como veremos a continuación, su desarrollo nos irá marcando el momento y la evolución, pero en nuestra mano está disponer de la información necesaria para acompañar a nuestro hijo de forma respetuosa en este proceso.

Quitar versus dejar el pañal

Antes de entrar en materia, me gustaría hacer especial hincapié en la diferencia existente entre estos dos términos, puesto que serán la clave y la base de esta etapa. Si nuestro pensamiento va dirigido a *quitar el pañal* a nuestro peque, recaerá sobre nosotros el protagonismo del proceso, mientras que, si lo enfocamos como *dejar el pañal*, serán el niño y su desarrollo quienes determinen los ritmos y los tiempos, y esto nos facilitará el desempeño de nuestra verdadera función: acompañar sus pasos.

¿A qué edad tendría que dejar de usar el pañal?

Seguro que tras el apartado anterior ya tenemos muchas pistas de hacia dónde girará la respuesta que conlleva esta pregunta. Si son el niño y su desarrollo quienes marcan los ritmos y los tiempos, no habrá una edad exacta ni ideal para que nuestro peque, en concreto, deje de usar el pañal. Sí es cierto que la mayoría de los niños (pero esto no quiere decir que sean ni tengan que ser todos) suelen estar preparados en torno a los dos años. No obstante, también hay peques que alcanzan la maduración suficiente antes y otros que lo hacen después.

Teniendo esto en cuenta, resulta necesario destacar un asunto al que nos enfrentamos en muchas ocasiones en cuanto a la edad: ¿puede ser un requisito imprescindible para iniciar la escuela infantil, en el curso dedicado a tres años, que mi peque haya dejado de usar el pañal? La respuesta es muy clara y concisa: no. De esta manera, solo estaríamos yendo en contra del propio desarrollo del niño y sería algo así como exigir, en el curso de los dos a los tres años, como requisito para iniciar la escolarización, que el niño ya caminara o hablara. Descabellado, ¿verdad? No todos los niños caminan o hablan con esta edad. Pero ¿por qué estos casos sí nos escandalizarían y no (o no tanto) en lo que al pañal se refiere?

Sé que se trata de un tema de ratios alumnos/maestros, y que muchos de los profesionales que tienen que llevar a cabo estas medidas no están de acuerdo con ellas, pero todos nuestros esfuerzos siempre tienen que ir dirigidos hacia el respeto por los diferentes ritmos de desarrollo. Las prisas, los agobios, las imposiciones… forman parte precisamente de todo aquello que no queremos en este proceso.

El momento ideal para que nuestro peque deje el pañal tampoco tendrá que ver, por supuesto, con una temporada. Es muy común escuchar frases como «ahora que llega el buen tiempo, vamos a aprovechar», pero lo cierto es que ni el niño ni su desarrollo entienden de estaciones del año. Que vaya a ser más cómodo para nosotros (por cantidad de ropa, por temperatura, por la facilidad en los cambios, etcétera) no significa que vaya a ser también el momento en el que nuestro peque esté preparado. Si coincide, ¡estupendo! Pero si todavía no hemos observado las primeras señales de que está listo, el buen tiempo quedará en un segundo plano.

¿Cómo sabemos que nuestro peque está preparado para dejar el pañal?

Hemos visto que ni la edad ni otras circunstancias externas nos pueden ayudar a predecir cuál será el mejor momento para que nuestro peque deje de usar el pañal. Por lo tanto, deberemos mantener los ojos bien abiertos para detectar las señales físicas y emocionales que él mismo irá manifestando, para así poder saber que ese momento ha llegado.

Pondremos especial atención y observaremos si nuestro peque...

* Empieza a ser consciente de que se ha hecho pis o caca.

* Manifiesta rechazo hacia el pañal o hacia los cambios de este.

* Muestra interés por el baño e incluso imita nuestra conducta cuando algún miembro de la familia hace pis o caca.

* Aguanta cada vez más tiempo con el pañal seco.

* Nos comunica que se ha hecho pis o caca.

* Se levanta con el pañal seco muchas mañanas.

¿Qué podemos hacer para ayudarle?

Nuestra función será familiarizar y acompañar, con una actitud tranquila y positiva, el gran proceso fisiológico, cognitivo y emocional que supone dejar a un lado el pañal para empezar a utilizar el váter.

Estos son algunos aspectos clave:

* *Ambiente preparado:* la accesibilidad será fundamental a la hora de garantizar el éxito de este proceso. Tener disponible su zona de higiene, su ropa interior, su orinal o adaptador..., todo tiene que estar adaptado para que nuestro peque pueda ser lo más autónomo posible.

* *Ropa cómoda:* al igual que el ambiente, necesitamos que la ropa permita la independencia (y la rapidez) del niño.

* *Nuestro peque, siempre partícipe:* a la hora de elegir sus cosas, de tomar decisiones, de dar o no un paso más..., él siempre será el protagonista.

* *El momento del baño, un momento lleno de sensaciones positivas:* a través de los cuentos, de canciones o juegos positivizaremos ese momento y la perspectiva que tiene nuestro peque sobre él.

Lo más importante es que nuestro hijo se sienta arropado y acompañado en este cambio tan importante, sabiendo que siempre (independientemente del resultado) vamos a seguir ahí, a su lado. Sin prisas, sin agobios. Sabiendo que nuestra función no es quitarle el pañal pasando por encima de su desarrollo físico y emocional, sino asegurar su bienestar en todos los aspectos, siendo él quien decida cuándo y cómo dejarlo a un lado.

SUEÑO

El sueño es vital para el desarrollo de nuestro peque. Un descanso reparador repercutirá directamente en su estado físico, cognitivo y también emocional. El sueño es fundamental para el crecimiento y la reparación muscular, se asocia con una mayor capacidad de concentración, de memoria y de aprendizaje, y, además, se relaciona con un carácter afable. También contribuye a reducir el riesgo de hiperactividad, de ansiedad y de depresión.

Es por esto por lo que, si nuestro peque tiene dificultades para conciliar o mantener el sueño, lo más conveniente será que empecemos a cambiar ciertas rutinas en nuestro día a día cuanto antes, para así evitar consecuencias derivadas de la falta de un sueño reparador.

Antes de entrar a analizar estas medidas, lo más importante será asegurar que nuestro peque duerme la cantidad de horas suficientes cada día.

EDAD	HORAS DE SUEÑO RECOMENDADAS
0-3 meses	Entre 14 y 17 horas.
4-12 meses	Entre 12 y 15 horas.
1-3 años	Entre 11 y 14 horas.
3-6 años	Entre 10 y 13 horas.

¿Y qué pasa con las siestas?

EDAD	SIESTAS RECOMENDADAS
0-6 meses	Tres siestas a lo largo del día.
6-18 meses	Dos siestas a lo largo del día. Por lo general, una a media mañana y otra a primera hora de la tarde.
18 meses-5 años	1 siesta a lo largo del día. Por lo general, a primera hora de la tarde.

Aunque estos son los datos habituales, hay peques que, alrededor de los dos o los tres años, dejan de dormir la siesta. Si esto es así, nunca forzaremos ni obligaremos a nuestro hijo a dormir a lo largo del día, puesto que eso significa que no necesita esos minutos o esas horas de sueño. Lo más importante de las siestas es que tengan lugar siempre, más o menos, a la misma hora y procurar que el niño se sienta cómodo y relajado en esos momentos del día, aunque sea realizando alguna actividad (escuchando música suave, leyendo un cuento, pintando, etcétera).

Higiene del sueño

Por *higiene del sueño* entendemos todas aquellas acciones y hábitos que podemos establecer en nuestra rutina diaria para favorecer el sueño de nuestro hijo. Como este irá cambiando a medida que el niño crece, tendremos que ir atendiendo sus necesidades e ir ajustando estos hábitos en función de sus demandas.

* Fijaremos una hora, más o menos similar, para acostarnos y para levantarnos a lo largo de la semana. Será importante no descontrolar en exceso los horarios los fines de semana (dentro de una mayor flexibilidad) para no desregular los ciclos de sueño.

* Nos aseguraremos de que, durante el día, nuestro peque realice la actividad física que necesita. Aunque, en ocasiones, nuestro cansancio nos pueda jugar malas pasadas, si queremos que nuestro hijo disfrute de un sueño reparador por la noche, necesita liberar su energía durante el día.

* Disminuiremos progresivamente la actividad del niño a medida que se acerque la hora de acostarse. Las actividades más físicas o que mayor grado de excitación provocan serán aquellas que llevemos a cabo a lo largo de la mañana o primera hora de la tarde,

para dar paso a actividades más relajantes a medida que avance la tarde.

* Estableceremos una rutina diaria en la que repitamos las mismas acciones antes de dormir: por ejemplo, guardamos los juguetes, nos bañamos, cenamos y leemos un cuento, acompañado, por supuesto, de nuestras «buenas noches».

* Evitaremos cualquier tipo de pantalla, en especial las horas antes de acostarnos (televisión, tableta, móvil, etcétera). Como sabemos, este tipo de dispositivos emiten lo que conocemos como luz azul, que altera los ritmos circadianos del sueño, suprimiendo la producción de melatonina, hormona que ayuda a nuestro cuerpo y nuestro cerebro a relajarse.

* Utilizaremos la cama «solo» para dormir. Si, por ejemplo, habituamos a nuestro peque a jugar en la cama, no la asociará con la relajación y el descanso, sino todo lo contrario.

* Evitaremos la ingesta de grandes cantidades de comida (especialmente de alimentos azucarados o con cafeína), pero también que nuestro peque se vaya a la cama con hambre.

* Cuidaremos la cantidad de siestas y las horas a las que las duerme (intentaremos evitar que sean a partir de las cinco de la tarde) y las horas de sueño diurno de nuestro peque, especialmente si tiene dificultades para conciliar el sueño por las noches.

* Evitaremos cualquier factor externo que pueda interferir en la calidad del sueño del niño, principalmente luces y ruidos. No es necesario tener la casa sin un solo ruido ni mantener la habitación totalmente a oscuras (sobre todo

si nuestro peque tiene miedo), pero sí sabiendo que son factores importantes que garantizan un sueño reparador.

Colecho

Entendemos el colecho como la práctica en la que los bebés o los niños duermen con su o sus progenitores en la misma cama, en camas contiguas o en una cuna y una cama unidas.

Todavía en la actualidad, el colecho es un tema casi tabú en nuestro país. Tanto que muchas familias deciden no compartir esta decisión con sus familiares o amigos, por miedo a las críticas o a los comentarios que puedan surgir a raíz de ello.

Aunque una decisión tan personal, tan íntima y familiar como es dormir o no con tus hijos debería corresponder e incumbir únicamente a la familia que decide poner en práctica (o no) el colecho, muchos se sienten con la libertad de opinar o juzgar el estilo de crianza que cada uno elige.

Además, el colecho tiene beneficios que tenemos que considerar tanto a la hora de tomar esta decisión como a la hora de ponerla en duda:

* Facilita la lactancia materna.
* Mejora el descanso del niño y el de toda la familia.
* Regula nuestra temperatura y nuestra respiración con la de nuestro hijo.
* Aporta calma y seguridad al niño.

No por colechar seremos peores o mejores padres, como tampoco lo seremos por decidir que nuestro peque duerma en su cama. Cada cual que elija cómo descansar, atendiendo a sus preferencias y a sus necesidades, sin que le importe nada más allá.

No obstante, existen una serie de condiciones en las que los principales organismos relacionados con la infancia, tales como la Asociación Española de Pediatría (AEP), recomiendan evitar la práctica del colecho:

* Hasta los seis meses, se recomienda que el bebé duerma en su cuna, boca arriba, pues disminuye el riesgo de muerte súbita.

* Aunque la lactancia materna tiene un efecto protector frente al síndrome de muerte súbita del lactante, se recomienda evitar el colecho:

   1. Con bebés menores de tres meses.

   2. Con bebés prematuros y de bajo peso.

   3. Si alguno de los progenitores consume tabaco, alcohol u otras drogas o fármacos sedantes.

   4. En situaciones de cansancio extremo.

   5. Sobre superficies blandas.

   6. Si el niño comparte la cama con otros familiares que no sean sus progenitores.

Cuando se trata del sueño infantil, contemplamos tantas opciones como modelos de familia existen y ninguna será mejor que otra, siempre y cuando la decisión se lleve a cabo con cariño, con respeto y buscando el bienestar de la unidad familiar.

De la cama de mamá/papá a su propia cama

Si somos de los que eligen colechar, el paso de nuestra habitación a la suya puede ser un proceso complejo que tenemos que plantear de forma muy progresiva a nuestro peque.

Incluso puedo predecir la primera duda que se os planteará: «¿Cuándo tendría que empezar dormir en su cama?». Lo cierto es que no hay una edad recomendada en la que un niño necesariamente tenga que empezar a dormir solo. En algunas familias, la decisión viene dada por la futura llegada de otro bebé; en otras, porque el descanso de alguno de los miembros de la familia no está siendo reparador; y en otras, es el propio niño quien decide dar este paso.

La siguiente duda, como es lógico, será algo así como «perfecto, ¿y cómo lo hacemos para que esta transición sea progresiva y respetuosa?». Vamos a ver algunos consejos y recomendaciones que pueden ayudarnos.

* Nuestro peque forma parte del proceso. Y como tal, le explicaremos lo que sucede y lo que va a suceder. Sin catalogar, sin etiquetar, sin comparar…, simplemente describiendo la situación: «Mamá ha cambiado de trabajo, ahora tiene que levantarse muy temprano y tú necesitas dormir más y mejor». Esto no implica que el niño reciba la noticia de buen grado, pero sí podrá contextualizar la situación y entender por qué se produce dicho cambio.

* La transición siempre será progresiva. No podremos pretender que el niño duerma solo en su cama de un día para otro (¡ojalá fuera así!), pero lo más lógico y habitual será que el cambio se produzca poco a poco. Si, por ejemplo, a nuestro peque le disgusta mucho la idea de no dormir más con nosotros, podremos ir marcando la distancia dentro

de nuestra propia habitación, durmiendo primero en camas separadas, alejando progresivamente una de la otra después, durmiendo solo las siestas en su cama…, haciendo el cambio muy poquito a poco, que las prisas nunca fueron buenas.

* Estaremos siempre a su lado. Es importantísimo hacerle saber que siempre que nos necesite estaremos a su lado. Valorar el esfuerzo tan grande que está llevando a cabo y mostrarnos disponibles aumentará su motivación, su confianza en sí mismo y le proporcionará la seguridad que necesita en este proceso. Si nuestro peque nos pide que le leamos un mismo cuento una y otra vez, si nos pide agua todas las noches, si nos reclama porque se nos ha olvidado darle su tercer beso de buenas noches…, paciencia y tranquilidad, porque lo estamos haciendo bien. Es su forma de decirnos lo mucho que nos echa de menos.

* Evitaremos que la transición a su cama coincida con otros acontecimientos o cambios importantes. Por ejemplo, la llegada de un bebé, el inicio del cole, el abandono del pañal… Demasiada vulnerabilidad estará provocando ya cualquiera de estas situaciones como para añadir más incertidumbre a su vida.

* Si necesita volver a nuestra cama, no supondrá un retroceso en su desarrollo. Si, por ejemplo, se produjera cualquier acontecimiento que no pudiéramos anticipar (el traslado a una nueva casa, la pérdida de una mascota o un familiar, una temporada de pesadillas y terrores nocturnos, etcétera) y nuestro peque necesita regresar a nuestra cama, esto no implica un paso hacia atrás ni es motivo para pensar que estamos haciendo algo mal o en contra de su desarrollo.

Esta época también pasará y será él mismo quien ya no quiera volver a nuestra cama; así que, mientras tanto, disfrutemos el momento y proporcionemos a nuestro hijo el amor, la seguridad y la paz que encuentra con nosotros, en nuestra cama.

Pesadillas y terrores nocturnos

No podríamos terminar de hablar del sueño infantil sin tratar este tema. Si estuviera en nuestra mano poder evitar cualquier tipo de sufrimiento a nuestro peque, las pesadillas o los terrores nocturnos serían una de las cosas que, con seguridad, eliminaríamos por completo de su vida.

Para saber cómo actuar y reaccionar ante ellos, primero tenemos que aprender a diferenciar si lo que el niño está experimentando es una pesadilla o se trata de un terror nocturno.

* *Pesadillas:* cuando el niño esté despierto recordará perfectamente lo que ha soñado y podrá contarnos lo sucedido (con mayor o menor detalle, en función del desarrollo de su lenguaje). Llorará y permanecerá asustado, pero nuestra presencia le ayudará a ir poco a poco recobrando la calma. No obstante, minutos u horas después de que la pesadilla haya terminado, puede que le resulte algo complicado retomar el sueño por la intranquilidad que le han producido los hechos.

* *Terrores nocturnos:* en ellos, el niño podrá parecer despierto, pero en realidad no lo estará por completo. Puede ser que se siente en su cama, que llore desconsoladamente, que haga movimientos extraños, que grite mucho e incluso que hable, pero todo

desaparecerá cuando consiga despertarse. Nuestra presencia no le reconfortará, como en el caso de las pesadillas, sino que parecerá que ni siquiera estuviéramos a su lado. Una vez que todo haya pasado, no recordará lo sucedido y no sabrá contarnos nada de lo que ha ocurrido, pero esto hará que le resulte mucho más fácil volver a conciliar el sueño.

Consejos y actividades para actuar si se trata de una pesadilla

Estas son algunas de las cosas que podemos hacer ante una pesadilla:

* *Establecer contacto físico:* nuestros brazos son siempre su refugio y sentirlos en esta ocasión le reconfortará hasta encontrar la calma.

* *Abrazar también sus emociones:* validaremos lo que nuestro peque está sintiendo y hablaremos sobre lo sucedido si se muestra interesado en hacerlo. Si no, podremos esperar incluso al día siguiente, pero siempre sin infravalorar ni ridiculizar, sino concediendo la importancia que merece a algo que le ha provocado tanto miedo.

* *Cantar una canción, leer un cuento o ayudarle a pensar en otras cosas:* (recordar unas vacaciones, un paisaje, algo que sepamos que a nuestro peque le gusta) son algunos de los recursos que nos pueden ayudar a conseguir que nuestro peque retome el sueño.

* *Dormir juntos:* como ya hemos hablado, nuestro hijo o hija nos necesita, y nosotros estaremos ahí para ayudarle.

Consejos y actividades para actuar si se trata de un terror nocturno

En este caso, estas son algunas de las recomendaciones:

* *Evitar el contacto físico:* intentar detener a nuestro peque, al no estar plenamente despierto y consciente, puede resultar incluso contraproducente. Lo que sí tendremos que hacer en estos casos es evitar que, en los movimientos que pueden caracterizar los terrores nocturnos, el niño pueda provocarse cualquier daño.

* *Hablar sobre ello solo si nuestro peque lo solicita:* a diferencia de las pesadillas, en los terrores nocturnos el niño no recordará lo que ha sucedido ni qué es lo que ha pasado. Si nos pregunta, le explicaremos cómo han sido las cosas, pero en mitad de la noche no resulta muy recomendable ofrecer una alta cantidad de detalles.

* *Acompañar:* desde que tienen lugar hasta que finalizan los terrores nocturnos, nuestra única función será acompañar a nuestro peque, mantener la calma (aunque, en ocasiones, resulte tremendamente difícil) y asegurar su bienestar en las diferentes fases que atraviese.

* *Consultar con un profesional:* por lo general, tanto las pesadillas como los terrores nocturnos protagonizarán una época muy concreta en la vida de nuestro hijo. De no ser así, si comprobamos que la frecuencia y la intensidad con la que aparecen estas parasomnias infantiles aumenta, no dudaremos en contactar con un profesional que pueda orientarnos y acompañarnos en nuestro caso concreto.

ALIMENTACIÓN

La alimentación de nuestro peque será una de nuestras prioridades desde el momento de su nacimiento. En los tres primeros años de vida del niño, su alimentación (como el resto de las áreas de su desarrollo) evolucionará radicalmente y seremos testigos de cómo, desde la más absoluta dependencia que supone la lactancia, nuestro hijo va adquiriendo las capacidades y habilidades necesarias como para comer por sí mismo, de manera totalmente independiente.

Recorrido general

A continuación, haremos un recorrido muy general por los cambios más significativos que se producen en su alimentación durante estos años y analizaremos las principales características y circunstancias a las que nos podemos exponer.

0-6 meses

Durante los primeros seis meses de vida, la Organización Mundial de la Salud (OMS) nos recomienda alimentar a nuestro bebé a través de la lactancia natural exclusiva. No obstante, tenemos que considerar esta información como lo que es, una recomendación, puesto que nuestra situación y circunstancias personales serán los principales factores que deberemos tener en cuenta a la hora de tomar esta decisión.

Si optamos por esta opción, tenemos que saber que son muchos los beneficios que tanto para la mamá como para el bebé aporta esta modalidad (serán detallados en el apartado de «Lactancia»), pero que, si optamos por una lactancia artificial o mixta, eso no nos convertirá en peores padres. Disponer de la información necesaria y actuar en consecuencia en función de nuestra situación personal será la clave para garantizar el bienestar de la mamá y de su bebé.

6-12 meses

A partir de los seis meses, nuestro peque habrá alcanzado la madurez necesaria como para ir introduciendo otros alimentos en su dieta. A esta edad, nuestro hijo comenzará a manejar y explorar los alimentos con las manos, se los llevará a la boca y empezará a contemplar el mundo de olores y sabores que se abre ante sus ojos.

Hace algunos años, se recomendaba introducir estos alimentos de forma muy progresiva y controlada por el riesgo de que nuestro bebé experimentara una reacción alérgica a alguno de los alimentos incorporados.

Tras múltiples investigaciones y estudios publicados sobre este asunto, en la actualidad sabemos que este no es un impedimento. La temprana exposición al alimento alérgeno sería clave en la desaparición de la alergia provocada. Por lo tanto, en la actualidad se priorizan otros factores a la hora de seleccionar qué alimentos se introducen, tal y como nos indica la Asociación Española de Pediatría.

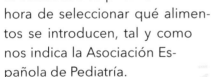

CALENDARIO ORIENTATIVO DE INCORPORACIÓN DE ALIMENTOS				
ALIMENTO	**0-6 MESES**	**6-12 MESES**	**12-24 MESES**	**>2 AÑOS**
Leche materna				
Fórmulas adaptadas (en caso de no estar con LM)				
Cereales, frutas, hortalizas, legumbres, huevo, carne, pollo, pescado, aceite de oliva				
Leche entera, yogur, queso tierno (pueden ofrecerse en pequeñas cantidades a partir de los 9 o 10 meses)				
Sólidos con riesgo de atragantamiento (frutos secos enteros, manzana o zanahoria cruda, etc.)				Por encima de los 3 años
Alimentos superfluos (azúcares, miel, cacao, bollería, galletas, embutidos y charcutería)	Cuanto más tarde y en menor cantidad mejor (siempre a partir de los 12 meses)			

Fuente: <www.aeped.es>.

No obstante, este es un proceso que viviremos acompañados por nuestro pediatra, quien nos guiará con la información más actualizada hasta la fecha.

1-3 años

Si la alimentación de nuestro bebé desde los seis hasta los doce meses ya era muy similar a la nuestra, a partir de esta última edad ya podemos compartir prácticamente todos los alimentos que pongamos en la mesa (excepto aquellos susceptibles de atragantamientos).

Será en esta etapa cuando el niño empiece a familiarizarse con el uso de la cuchara y el tenedor y, poco a poco, vaya adquiriendo precisión en sus movimientos a la hora de manejarlos. El uso del cuchillo, por el contrario, no suele tener lugar en este periodo, sino en edades posteriores. Además, finalizando esta etapa, será capaz de sujetar un vaso o taza sin ayuda y utilizarlos de manera independiente.

Una vez finalizado este breve recorrido, pasamos a adentrarnos en los principales procesos que tienen lugar en esta etapa, para así poder detallar cada uno de ellos.

Lactancia

La lactancia, en sus dos posibles modalidades (natural y artificial), tiene lugar desde el momento del nacimiento de nuestro peque. Después de tantos meses de espera, deseando que este momento (en el que por fin podemos sostener a nuestro bebé en brazos) llegara, empezamos a pensar en la alimentación de nuestro peque y, con ello, en todas esas dudas que nos veníamos planteando por el camino: ¿cómo será la primera toma?, ¿dolerá?, ¿se quedará con hambre?, ¿puedo darle biberón desde el primer día?, ¿qué es lo más recomendable?

Como veíamos, la OMS recomienda la leche materna como alimento exclusivo, al menos, durante los primeros seis meses de vida del niño. Son muchas las investigaciones[7] realizadas sobre este ámbito en los últimos años y sus resultados siguen contemplando la lactancia natural como la opción más beneficiosa tanto para el bebé como para la madre.

Beneficios más significativos para el bebé

* Mejora su sistema inmunológico: muchos autores llegan a considerar que se trata de la «primera vacuna» que recibe un niño al nacer, dada la alta cantidad de anticuerpos

concentrada en el calostro (líquido amarillento precursor de la leche materna).

* Contiene los nutrientes necesarios para que nuestro peque crezca y se desarrolle correctamente.

* Previene el síndrome de muerte súbita del lactante: principalmente la lactancia materna exclusiva.

* Contribuye al desarrollo orofacial: la lactancia materna favorece el crecimiento y el desarrollo del maxilar y de la mandíbula de nuestro bebé, actuando como factor preventivo ante posibles maloclusiones en la dentición.

* Promueve la adquisición de un correcto patrón respiratorio: la coordinación y la sincronización que requieren lactancia y respiración, procuran que nuestro peque respire por la nariz en lugar de por la boca (lo que conocemos como respiración oral).

* Favorece y refuerza el vínculo afectivo entre madre e hijo: generando momentos de conexión únicos.

Beneficios para la madre

* Favorece la recuperación posparto.

* Previene las hemorragias posparto.

* Reduce el riesgo de aparición de enfermedades: cardiopatías, accidentes cerebrovasculares, diabetes, hipertensión, etcétera.

* Disminuye el riesgo de cáncer de mama, útero y ovarios.

No obstante, si por la razón que sea decidiéramos no dar el pecho a nuestro peque, debemos tener la tranquilidad de saber que, teniendo en cuenta toda la información que disponemos hoy en día sobre este asunto, hemos tomado esta decisión porque consideramos que es lo mejor para nosotros y nuestro bebé en ese momento. Que nada ni nadie nos haga dudar ni muchísimo menos sentirnos culpables. Tener presente esta premisa: «Si yo estoy bien, mi hijo estará bien; y si yo estoy mal, él también lo estará», puede facilitarnos mucho las cosas (en este y en otros muchos aspectos de la crianza).

Destete

Hablamos de *destete* para referirnos al proceso que supone la retirada de la lactancia materna. Esta decisión puede venir determinada por la mamá, que decide (muy habitualmente por motivos laborales) dejar de dar el pecho a su bebé, o puede venir por parte del niño. Aunque esta última opción es menos habitual en nuestra sociedad (dado el porcentaje de niños que mantienen la lactancia materna más allá de los dos años de vida), puede que sea nuestro hijo quien decida que el momento de dejar esta forma de alimentación ha llegado (cuando esto ocurre, suele ser entre los dos y los seis años de vida).

Pongámonos entonces en la situación de que es la madre quien decide poner fin a la lactancia, puesto que es el caso en el que más dificultades podemos encontrar a la hora de llevar a cabo el destete de una forma respetuosa:

*   Evitaremos, en la medida de lo posible, que el destete coincida con cualquier evento o acontecimiento importante que tenga lugar en la vida de nuestro peque: cambio de casa, inicio del cole, pérdida de un familiar, etcétera.

*   Llevaremos a cabo este proceso de manera progresiva, sin correr. Si la retirada se produce antes de los seis meses, iremos introduciendo poco a

poco alguna que otra toma de fórmula. Si se produce a partir de los seis meses, iremos sustituyendo algunas tomas por otros alimentos. Lo importante es asegurar los cambios.

* Entenderemos que este proceso puede conllevar cambios emocionales y conductuales en nuestro hijo. La lactancia materna contiene un alto componente emocional y hace que el vínculo entre madre e hijo se vea reforzado en cada toma. Por lo tanto, una vez que pongamos en marcha el destete, tendremos que contemplar la posibilidad de conservar esos pequeños momentos con nuestro peque, aunque ahora sea llevando a cabo una actividad diferente.

* Si la edad y el nivel madurativo de nuestro peque lo permiten, hablaremos con él de lo que vamos a hacer y de cómo lo vamos a hacer. A través del juego, de los cuentos, representando de manera visual la información de las tomas (con dibujos, fotos, pictogramas, etcétera). En definitiva, proporcionaremos al niño las ayudas que pueda necesitar para acompañarle en este proceso.

Baby Led Weaning (BLW)

El *baby led weaning* (cuya traducción literal a nuestro idioma se corresponde con «alimentación dirigida por el bebé») es una técnica de alimentación complementaria,* cada vez más extendida en nuestro país, que consiste en poner a disposición de nuestro bebé una serie de alimentos para que sea él quien decida qué, cuánto y cómo comer.

• • • • • • • • •

* Con alimentación complementaria hacemos referencia al proceso en el que introducimos otros alimentos como complemento (no como sustitución) de la leche materna o de fórmula.

Para poder poner en práctica esta técnica (BLW), hay una serie de requisitos que debemos tener en cuenta:

* Nuestro bebé tiene que haber cumplido, como mínimo, seis meses.

* Tiene que ser capaz de permanecer sentado.

* Tiene que haber desaparecido su reflejo de extrusión (reflejo a través del cual el niño expulsa el alimento de la boca, que generalmente desaparece alrededor de los seis meses).

* El niño tiene que ser capaz de coger los alimentos con las manos y llevárselos a la boca.

* Tiene que mostrar interés por la comida. Este interés por los alimentos, por lo que comemos nosotros, suele surgir alrededor de los seis meses, pero si llega unos meses más tarde, no resulta conveniente adelantarse.

Cuando escuchamos hablar por primera vez de esta técnica o no tenemos mucha información al respecto, uno de los primeros pensamientos que vienen a nuestra mente suele ser: «Pero, de esta forma, ¿no será más fácil que mi hijo se atragante?».

Lo cierto es que no. En los estudios e investigaciones publicadas hasta la fecha,[8] no hay evidencia científica ni resultados concluyentes que asocien el BLW con un mayor número de atragantamientos cuando se compara esta técnica con la alimentación a base de triturados con cuchara.

Lo más importante es informarnos de la mano de expertos en la materia para así saber con seguridad qué alimentos podemos ofrecer a nuestro peque y cuáles no, además de saber cómo prepararlos y presentarlos.

Por ejemplo, hay alimentos que son más susceptibles de provocar atragantamientos infantiles, tales como la manzana y la zanahoria cruda (que podremos ofrecer cocinadas), los frutos secos, los caramelos, las palomitas de maíz, las salchichas y los alimentos con forma redonda, como los tomates cherri o las uvas sin pepitas (que podremos ofrecer cortados a lo largo).

Por ello, estar siempre presentes en los momentos de alimentación de nuestro peque y vigilar el proceso será obligado, y poseer conocimientos básicos sobre primeros auxilios, muy recomendable, tanto si nos decantamos por este método como si preferimos seguir la alimentación triturada tradicional, puesto que nada nos exime de enfrentarnos a un posible atragantamiento.

Nuestro peque no quiere probar nuevos alimentos

A partir de los seis meses, momento en el que empezamos a introducir estos nuevos alimentos, nos enfrentamos a un gran reto: para algunos niños, este proceso se produce de la manera más natural, pero para otros peques se llega a convertir en una experiencia de lo más traumática.

Si nos encontramos ante esta última situación, y esta se produce de manera generalizada, podríamos estar ante un caso de *neofobia* (miedo a probar alimentos nuevos) y será necesario tener en cuenta una serie de recomendaciones para que el momento de la comida no se convierta en una auténtica pesadilla ni para nosotros ni para nuestro peque:

* Obligar a comer o a probar alimentos nuevos no sirve de nada. Bueno, sí. Provocará el efecto totalmente contrario al que pretendemos: que el niño rechace por completo un alimento en particular o la comida en general.

* Nuestro objetivo no es otro que crear una relación sana y positiva con la comida desde el inicio. Todo lo que vaya

en contra de este objetivo, siempre será una «mala idea». Así que, en la medida de lo posible, las prisas, las presiones, las pantallas… jugarán en contra nuestra (aunque con estas últimas, a corto plazo, nos pueda parecer lo contrario).

* Trataremos de presentar los alimentos de diferentes formas, buscando la motivación de nuestro peque: un día podemos ofrecérselos en bastoncillos; otro, en batido; otro, en trocitos, dibujando una cara en el plato… ¡Lo que haga falta!

* Nuestro ejemplo será fundamental. Siempre que podamos, tratemos de comer juntos y los mismos alimentos. Vernos comer y que nuestro peque pueda comer lo mismo que nosotros es ya una motivación para él.

* Involucraremos a nuestro peque en todas las tareas relacionadas con los alimentos: en la compra, a la hora de lavarlos, de pelarlos o cortarlos, de cocinarlos… Esto también aumentará su motivación hacia la comida.

* Ofreceremos los alimentos en el plato, en lugar de dárselos o metérselos en la boca. Para ello, necesitaremos que sean alimentos que pueda manejar por sí mismo, sobre todo al principio, en el momento en el que prueba nuevos sabores.

* Y tendremos paciencia, mucha paciencia. Como en casi todo lo que tiene que ver con el desarrollo y la crianza, pero en este tema especialmente. Es normal que nuestro peque no pruebe ciertos alimentos a la primera, ni a la segunda ni a la tercera. Muchos niños necesitan tener varios contactos con el o los alimentos en cuestión para llegar a aceptarlos.

Deglución atípica, ¿qué es eso?

Con *deglución atípica* hacemos referencia a la disfunción oral que tiene lugar cuando el niño posiciona incorrectamente la lengua durante el proceso alimenticio, a la hora de tragar el alimento.

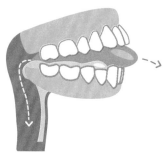

Si nosotros mismos nos paramos a reflexionar, cuando tragamos, colocamos la lengua en el paladar (por encima de los dientes, en esas pequeñas arruguitas que podemos localizar en esta zona). Si nuestro peque colocara la lengua justo por detrás de los dientes, empujándolos; la dejara salir hacia fuera, entre los dientes superiores e inferiores, o lateralizara la lengua hacia alguno de los lados, en todos estos casos, podríamos hablar de deglución atípica.

¿Cuál suele ser la causa de la deglución atípica? Puede ser provocada por diferentes factores orgánicos o funcionales.

* Aunque existen múltiples factores orgánicos que podríamos describir, la causa más frecuente se relaciona con la longitud del frenillo sublingual: cuando este es muy corto, impide que la lengua de nuestro peque se eleve y pueda ubicarse correctamente.

* Los factores funcionales se relacionan con los malos hábitos orales que pueda haber adquirido el niño, tales como morderse las uñas, el uso prolongado de chupete o bi-

berón, chuparse el dedo, etcétera. Todos ellos limitan la movilidad de la lengua e impiden su elevación hacia el paladar.

¿Tiene solución? Por supuesto que sí. Necesitamos que nuestro peque reciba atención por parte de un odontopediatra y un logopeda, y que ambos lleven a cabo una atención conjunta y coordinada.

El primero de estos profesionales es el encargado de dar solución a los problemas, si los hubiera, que la deglución atípica pueda haber provocado en las estructuras de nuestro peque (mordida, maxilar, mandíbula…). El segundo de ellos es fundamental a la hora de corregir la función, es decir, a la hora de modificar el mal hábito adquirido, de tal forma que el niño sea capaz de posicionar la lengua en el lugar que corresponde. El logopeda llevará a cabo este procedimiento a través de lo que conocemos como *terapia miofuncional*.

Disfagia infantil, ¿qué es eso?

Se trata de una alteración en la deglución del niño que dificulta o impide que este pueda ingerir el alimento de una forma segura y eficaz. Es muy importante, en este punto, no confundir con el dolor que puede experimentar nuestro peque de forma ocasional y transitoria al tragar alimentos cuando presenta inflamación de las amígdalas o por irritaciones de mucosa. En estos casos, hablaríamos de odinofagia.

Son múltiples las causas que pueden provocar disfagia: trastornos neurológicos, anomalías craneofaciales, enfermedades neurodegenerativas, alteraciones digestivas, etcétera. Todas ellas están ligadas a diagnósticos ya establecidos. Las más frecuentes entre nuestros peques son la parálisis cerebral, la prematuridad y el reflujo gastroesofágico.

No siempre es fácil de detectar, pero hay algunos síntomas que podrían alertarnos de su presencia: podemos observar que nuestro peque come muy muy despacio, que traga varias veces, que se atraganta, que tose o carraspea después de tragar, que saliva y babea mucho mientras come o incluso que regurgita ciertos alimentos. Los niños más mayores pueden incluso verbalizar la sensación de tener un cuerpo extraño en la garganta. Los síntomas más indirectos, pero a los que también tenemos que prestar atención, son, por un lado, las disfonías, es decir, si nuestro peque presenta cualquier anomalía en la voz; y, por otro lado, todos los relacionados con la parte más emocional de la alimentación: el rechazo total hacia la comida o la irritabilidad a la hora de comer pueden ser más que una simple rebeldía.

El tratamiento médico dependerá del origen, pero este siempre irá acompañado de un tratamiento logopédico que nos permitirá adquirir los recursos y las estrategias para garantizar la seguridad y la eficacia necesarias a la hora de ingerir los alimentos.

PARTE 4

EL DESARROLLO EMOCIONAL

L legamos al último y, para mí, uno de los más apasionantes capítulos de este libro. El desarrollo emocional que experimenta nuestro peque desde el nacimiento hasta los tres años es, cuando menos, fascinante. De estos primeros años de vida dependerá su futura personalidad, su manera de relacionarse con el mundo, su manera de enfrentarse a las adversidades, de gestionar su conducta ante ellas, etcétera. Por lo tanto, tenemos en nuestras manos la importante labor de dar a conocer a nuestro peque las emociones, hacerle saber que todas ellas son totalmente válidas, y ayudarle a reaccionar y a gestionar su comportamiento en el momento en el que experimente cada una de ellas.

CONOCER LAS EMOCIONES

Para que el desarrollo emocional de nuestro peque tenga lugar de una forma sana y equilibrada, lo primero que debemos tener en cuenta es la importancia de darle a conocer todas las emociones por igual y resaltar la valía de cada una de ellas. Porque sí, todas las emociones son tan importantes como necesarias y nuestro objetivo nunca será evitar aquellas que nos proporcionan sensaciones desagradables, sino acompañar al niño en esas sensaciones y ayudarle a regular la conducta que estas puedan desencadenar en él.

Existen seis emociones básicas, que no vamos a clasificar como positivas o negativas, ni buenas o malas. Simplemente vamos a diferenciarlas en función de las sensaciones que cada una de ellas nos provoca y de su propósito.

* *Alegría:* es la más sencilla de etiquetar y de compartir con nuestro peque, ¿verdad? La alegría nos ofrece una sensación de bienestar y seguridad cuando conseguimos algún deseo o simplemente disfrutamos de algo o de alguien. Esta emoción nos permite distinguir qué nos agrada y nos lleva a repetir esas acciones o comportamientos que nos hacen sentir bien.

* *Enfado:* esta emoción también nos resulta bastante fácil de identificar y solemos ponerle nombre sin dificultad cuando nuestro peque la experimenta. No obstante, en muchas ocasiones, enmascaramos como enfado ciertas reacciones cuando, en realidad, lo que nuestro hijo experimenta (o incluso nosotros mismos) es otra emoción diferente (por ejemplo, tristeza).

Si nuestro peque empieza a llorar, a gritar y a lanzar cosas por los aires cuando los abuelos se van de casa, en un primer momento podríamos pensar que está enfadado y que nos lo comunica así, pero bajo ese enfado, lo que nuestro peque está sintiendo en realidad es la tristeza de no poder seguir compartiendo tiempo a su lado.

El enfado, aunque nos provoque sensaciones desagradables, también tiene una importante función: nos permite poner límites y nos impulsa a la resolución de un problema. Por lo tanto, nuestra función no será ayudar al niño a no enfadarse, sino a expresar ese enfado de manera adecuada.

* *Tristeza:* una de las emociones que, por lo general, más tratamos de evitar sentir y, en consecuencia, así se lo trasladamos a nuestro peque. Ante sus primeros signos, tratamos de bloquearla con distracciones, cambiando nuestro foco de atención, cuando en realidad tendríamos que permitirnos sentirla como una más. La tristeza nos ayuda a mirar hacia nuestro interior, a aprender sobre nosotros mismos, a crecer como personas, nos permite liberar el dolor y nos motiva a pedir ayuda a los demás.

  Además, la tristeza compartida crea sensación de unión, cariño y entendimiento, por lo que nuestro objetivo en aquellas situaciones en las que nuestro peque experimente esta emoción será acompañarlos.

* *Sorpresa:* es la emoción que despierta en nosotros la curiosidad y que nos permite afrontar lo inesperado. Para nuestro peque, la sorpresa generalmente estará asociada a estímulos positivos, pero poco a poco, y a través de sus experiencias, empezará a tomar conciencia de que esos estímulos novedosos o inesperados, en ocasiones, no son tan positivos. Esta emoción suele durar muy poco tiempo y, desde ella, derivamos a una de las otras cinco emociones. Por ejemplo, si tenemos un regalo preparado para nuestro hijo, la sorpresa le llevará a la alegría, pero si cuando quiere jugar con un juguete, este no funciona, la sorpresa le llevará a la tristeza.

Nuestro acompañamiento con esta emoción irá dirigido hacia la regulación de la intensidad con la que el niño vive y afronta esos cambios o estímulos inesperados, de forma que sea adaptativa y funcional para él.

* *Asco:* todos lo sentimos cuando algo nos repugna. Como el miedo, nos protege de situaciones desagradables o dañinas, por lo que su función es primordial. Cuando esta emoción surge ante comida en mal estado, por ejemplo, será totalmente adecuada. Sin embargo, en otras situaciones —como ante ciertos alimentos, generalmente frutas, verduras y pescados—, el niño también experimenta asco, y nosotros creemos que se trata de algo desadaptativo. Como veíamos en el apartado de alimentación, es totalmente normal que nuestro peque sienta asco hacia ciertos alimentos, pero en este caso el asco no tendrá una función de supervivencia, sino que vendrá determinado por motivos culturales, familiares o personales.

* *Miedo:* de no ser por esta emoción, viviríamos peligros a diario. El miedo es precisamente la emoción encargada de apartarnos y alertarnos de un peligro y nos motiva a actuar con precaución. Nuestro peque va a experimentar miedo: a las personas extrañas, a la oscuridad, a los animales, etcétera. Como en el caso del enfado o la tristeza, nuestra función no será evitar que sienta esos miedos, sino acompañarle, hacerle saber que estamos a su lado cuando los experimente y ofrecerle recursos y estrategias que le permitan convivir con esas sensaciones. A lo largo de este capítulo, hablaremos más detenidamente sobre ello.

BREVE RECORRIDO POR EL DESARROLLO EMOCIONAL DE NUESTRO PEQUE (0-3 AÑOS)

Antes de abordar las principales etapas que tienen lugar en este periodo, me gustaría que hiciéramos un breve recorrido juntos por el desarrollo emocional en función de la edad de nuestro peque (siempre teniendo presente que, cuando hablamos de edades, debemos considerar estos datos con flexibilidad, puesto que en el desarrollo de un niño no hay nada exacto).

0-1 año

Desde el momento del nacimiento, nuestro bebé expresa sus emociones. Llora para indicar que tiene hambre o sueño, que siente algún malestar o simplemente que necesita que estemos a su lado. Se calma con la succión, con nuestras caricias y abrazos, con las voces familiares. Reacciona ante sonidos bruscos o inesperados con sobresaltos. Surge lo que conocemos como *sonrisa social* (a partir del segundo mes de vida) y nuestro bebé nos devuelve la sonrisa cuando le sonreímos. Todo ello, y mucho más, nos indica que las emociones no son un aprendizaje, no son algo que tengamos que aprender o estimular, como en el caso del lenguaje, sino que forman parte de nosotros mismos desde que nacemos.

Poco a poco, aquello que experimenta nuestro bebé le ayudará a identificar las emociones en los demás, ayudándole, por ejemplo, a distinguir si mamá o papá están contentos o enfadados, y empezarán a sentir lo que denominamos *angustia por separación* (sobre los ocho o nueve meses de vida), y separarse de mamá o de papá ya no será tan fácil. Esto no supone ningún tipo de retroceso ni significa que estemos haciendo algo mal, todo lo contrario. Se trata de una etapa más en el desarrollo del niño que nos indica precisamente eso, desarrollo y evolución. A medida que vaya alcanzando la maduración necesaria para representar objetos y personas en su memoria, esa angustia que le genera la separación irá disminuyendo, pero, por ahora, todo lo que nuestro bebé no puede ver para él es como si desapareciera.

Es un año maravilloso en el que la mejor recomendación que puedo ofrecer es disfrutar de cada día que vivimos junto a nuestro bebé. Un año para que acudamos junto a él cuando llora, le cojamos en brazos, le mimemos, le acariciemos y para que los contactos piel con piel nos permitan sentir juntos. Sin miedos, sin creencias preestablecidas. Porque, lejos de lo que todavía se piensa en la actualidad, con ello no le vamos a malacostumbrar, no le vamos a malcriar ni vamos a hacer algo que vaya en contra de su desarrollo. Simplemente le estaremos proporcionando lo que necesita.

1-2 años

Cuando nuestro peque cumple su primer año de vida, no hay un cambio radical en su desarrollo emocional, sino que sus expresiones seguirán muy en la línea de lo vivido y experimentado en los últimos meses de la etapa anterior. A nuestro bebé le encantará llamar nuestra atención, que nos miremos a los ojos, que cantemos canciones, y repetir una y otra vez las conductas que generan una reacción en nosotros. Buscará nuestra compañía a todas horas y le encantará que reconozcamos sus logros.

Empezará a manifestar también su frustración cuando no consigue o no se le permite hacer algo, generalmente a través del llanto. Nuestra función será ayudarle, poco a poco, a comunicar su necesidad de pedir ayuda sin recurrir a este, ofreciéndole un modelo de signos y palabras (por ejemplo, «ayuda») que debería imitar o emitir en estas situaciones.

La principal característica que define este año de vida, sin duda, es la independencia que irá adquiriendo a lo largo de estos meses, en los que él mismo querrá empezar a dejar de ser nuestro bebé para ir haciendo más y más cosas por sí mismo. Aunque eso no significa que tolere mejor nuestra lejanía, puesto que la angustia por separación de la que hablábamos antes seguirá estando presente a esta edad.

Además, veremos cómo al final de este año (hay peques que incluso antes) empiezan a manifestar los primeros signos de autodeterminación. Progresivamente iremos entrando en la famosa *etapa del no*, en la que, como su propio nombre indica, nuestro peque responderá a todo, o, mejor dicho, a casi todo, con una negativa.

Nosotros mismos tendremos que evitar abusar constantemente del «no» («no cojas eso», «no te subas ahí», «no te muevas», etcétera) y establecer límites claros y concisos, desde el cariño y el respeto, pero con firmeza, para así asentar unas bases sólidas sobre las que construiremos el tipo de relación afectiva que queremos mantener con nuestro peque.

Ya hemos visto en capítulos anteriores que se trata de un año muy «movido», pero apasionante, en el que vemos cómo nuestro bebé crece cada día, afronta nuevas experiencias, adquiere nuevas habilidades y capacidades, y nosotros con él. Nos enseñará a valorar las pequeñas cosas y nos ofrecerá una visión del mundo tan diferente a la nuestra que llegará un punto en el que ya no sabremos quién enseña a quién.

2-3 años

Hemos llegado. Estamos ante los temidos, que no terribles, dos años. Y prefiero decir temidos porque, aunque se trata de una etapa que nos produce cuando menos respeto, tiene muchas cosas buenas que terminan compensando aquellas que no lo son tanto, por lo que sería muy injusto que los denomináramos terribles.

Esta es la edad por excelencia en la que nuestro peque experimenta los *desbordes emocionales* (más conocidos como rabietas) más intensos y, por lo tanto, la edad en la que más va a necesitar nuestro apoyo, nuestra comprensión y nuestra paciencia. Los límites que ya veníamos estableciendo seguirán siendo imprescindibles en nuestro día a día y nuestro ejemplo y acompañamiento serán fundamentales para el desarrollo emocional sano y equilibrado de nuestro peque.

Además, a esta edad, nuestro hijo reconocerá las reacciones emocionales más frecuentes y, a través de las situaciones y experiencias vividas, irá aprendiendo qué estímulos provocan esas reacciones en los demás. Esto no quiere decir que ya conozca, a esta edad, qué cosas nos pueden enfadar.

Recuerdo una sesión con una familia que acudía a consulta. Como siempre al llegar, pregunté a la familia qué tal había pasado el fin de semana. La mamá me contestó: «¡Mal!, ¡fatal!, ¡horrible! En un descuido, Marta nos ha pintado todas las paredes del salón, ¡menudo disgusto!». La peque, que tenía dos años y cinco meses, bajó la mirada y se quedó mirando al suelo en señal de arrepentimiento. Pero ¿sabía Marta que eso estaba mal antes de hacerlo? En las escuelas infantiles (y yo misma en mis sesiones lo hago), es muy habitual colocar papel continuo en las paredes para que los peques pinten y trabajar así la verticalidad.

En este caso en concreto, no tendría sentido que atribuyéramos intencionalidad o maldad a lo sucedido. Estamos de acuerdo en que se trata de un hecho desagradable, pero nuestro peque a esta edad todavía no es capaz de reconocer «lo que está bien» y «lo que está mal», por lo que necesitará que seamos muy claros a la hora de comunicarle lo que esperamos de él.

De todo esto, y mucho más, vamos a hablar en el resto del capítulo, analizando cómo tenemos que actuar ante determinadas situaciones.

CONSEJOS GENERALES PARA QUE NUESTRO PEQUE CREZCA EMOCIONALMENTE SANO

Como ya te adelantaba, a continuación hablaremos de los principales hitos del desarrollo emocional y de las situaciones o etapas que normalmente nos resultan más difíciles de gestionar, hay tres recomendaciones comunes para todas ellas en las que voy a incidir especialmente, puesto que son la base del acompañamiento emocional.

I. Nuestro ejemplo es la herramienta más poderosa

Sí, así es. Si queremos ver ciertos valores, determinadas actitudes y conductas concretas en nuestro peque, será fundamental e imprescindible que nosotros mismos tengamos esos valores, esas actitudes y esas conductas en nuestro día a día.

Si, por ejemplo, quiero que mi peque, ante algo que no le gusta, sea capaz de poner límites desde el respeto, sin necesidad de gritar o de ofender a la otra persona sin perder los nervios, lo primero que tengo que preguntarme es: «¿soy yo capaz de establecer límites desde el respeto sin necesidad de gritar, ofender ni perder los nervios?».

La clave, en muchos casos, está precisamente ahí. Nuestro peque es una esponjita que absorbe todo lo que ve y todo lo que escucha, por lo que el modelo que ofrezcamos será determinante en su desarrollo.

2. No le evites sentir, ayúdale a sentir

Una vez que ya sabemos que todas las emociones tienen un papel fundamental en nuestra vida y que todas ellas nos aportan beneficios, lo mejor que podemos hacer por nuestro hijo será ayudarle a sentir, en lugar de evitarlo.

Ojalá tuviéramos una varita mágica que le protegiera de todas las sensaciones desagradables, para que nunca tuviera que sentir miedo, tristeza o enfado, pero como esa opción no está en nuestra mano, la única alternativa positiva para el desarrollo emocional de nuestro peque será que le acompañemos en esas sensaciones y le ofrezcamos las herramientas que necesita en cada una de ellas.

3. Ofrécele las herramientas y, si estas no funcionan, pide ayuda profesional

En general, mis recomendaciones son:

* Dedicar tiempo cada día a hablar de cómo nos sentimos. Cuando pase algo importante, por supuesto, pero cuando no, en la rutina de nuestro día a día, también es necesario que busquemos y respetemos esos espacios de diálogo.

* Buscar juntos la manera de expresar las emociones que mejor se ajuste a nuestro peque será otro de nuestros

cometidos. En algunos casos, será a través del juego; en otros, a través de los dibujos, de la música, etcétera.

*   Ser firmes y constantes es la clave de todo aprendizaje. Aplicando escucha, respeto, cariño, empatía y comunicación a cada situación conseguiremos ese desarrollo emocional sano que tan importante será en la vida de nuestro hijo.

*   Si los recursos y las estrategias que aplicamos en determinadas situaciones no funcionan, aun siendo constantes, lo mejor que podemos hacer por el niño y por nosotros mismos es pedir ayuda profesional. Por suerte, cada día está más normalizado que acudamos a un psicólogo cuando hay algo en nuestro interior que no marcha como debiera, por lo que, antes de que las cosas vayan a más, dejémonos acompañar y asesorar para así conseguir el que es siempre nuestro objetivo: ayudar a nuestro hijo.

«MAMÁ/PAPÁ, NO TE VAYAS»

Como ya hemos visto, la separación de mamá o papá es una de las primeras situaciones que, por lo general, nos cuesta manejar.

Antes de los ocho meses, nuestro peque no distingue entre personas más y menos cercanas, y permite casi a cualquiera que le coja, le arrulle, e incluso que mamá o papá tomen distancia y salgan de su campo de visión.

No obstante, a partir de esta edad, nuestro bebé distingue perfectamente a sus figuras de referencia y, para él, no ver implica no existir. Es decir, si nuestro peque no ve a mamá o a papá, vivirá este momento de forma muy angustiosa porque para él será como si hubiesen desaparecido.

Esto será así aproximadamente hasta los dos años, momento en el que toma plena conciencia de que las personas y los objetos siguen existiendo a pesar de que no los pueda ver. Con esto no quiero decir que nuestro bebé vaya a llorar desconsoladamente día tras día hasta los dos años, pero sí que habrá momentos y situaciones en los que le resultará especialmente difícil separarse de nosotros por este motivo.

Para hacer todo este camino más llevadero tanto a nuestro peque como a nosotros mismos, hay algunos aspectos que podemos tener en cuenta y ejercicios prácticos que aplicar en nuestro día a día.

Lo que sí te recomiendo

* Despídete siempre utilizando palabras y cuenta a tu peque adónde vas, con quién se queda y cuándo volverás. No dejes de hacerlo porque todavía no haya arrancado a hablar; te comprende perfectamente. Utiliza un lenguaje sencillo y hazlo siempre, aunque haya quien te diga lo contrario.

* Hazlo con cariño, pero también con seguridad y confianza, que es precisamente lo que necesita nuestro peque. Si nosotros mismos sentimos culpa, miedo o ansiedad, transmitiremos esos mismos sentimientos a nuestro hijo, justo lo contrario a lo que pretendemos.

* Si cuando vuelvas está enfadado, respeta su tiempo y su espacio. Nuestro peque no trata de hacernos sentir mal ni que nos invada la culpa, simplemente es su forma de expresar su malestar y su oposición a nuestro distanciamiento.

* En la medida de lo posible, procura que las primeras veces que os separéis sea en un entorno conocido y familiar para el peque, preferiblemente en casa. Esto facilitará en gran medida el proceso.

* Intenta empezar por ratitos cortos para que tu vuelta sea más inmediata y así será más sencillo que el niño establezca la asociación y comprenda que tu ida también implica tu vuelta.

* El famosísimo juego del cucú-tras y todos los que impliquen escondernos son especialmente beneficiosos para ir trabajando, en pequeñas dosis, vuestra separación.

* Ármate de paciencia, la necesitamos a lo largo de todo este proceso. Pensar que se trata de una etapa más en el desarrollo del niño suele servir de gran ayuda, ya que, precisamente, que estemos viviendo esta etapa implica que su evolución es la adecuada.

Lo que no te recomiendo

Soy consciente de que me repito, pero dada la importancia para el desarrollo emocional de nuestro peque, creo que debemos tener claras una serie de premisas:

* Nunca te vayas a escondidas o sin despedirte. De esta forma, lo único que le transmitimos es que, en cualquier momento, podemos desaparecer, y la inseguridad y el miedo que podría sentir en esos momentos pasaría a ser constante.

* Evita, en la medida de lo posible, cualquier sentimiento de culpa o inseguridad, y confía. Se trata de una situación muy difícil para nosotros también, pero estamos dejando a nuestro peque en manos de una persona de confianza (un amigo, un familiar o un profesional) y va a estar bien atendido.

* No prestes atención ni inviertas tu energía en las críticas que otros puedan hacer sobre vuestro proceso. Recuerda

que esta etapa no implica ningún retroceso (todo lo contrario) y que lo estás haciendo como tu hijo necesita que lo hagas.

Pongamos un ejemplo que represente todo lo explicado. Imaginemos la siguiente situación: nuestro peque tiene doce meses y va a empezar a ir a la escuela infantil. Podemos anticiparnos y hacer un poco más llevadero el cambio, aunque no logremos evitar que nuestro peque lo pase mal (y nosotros…). Semanas antes, podemos jugar al cucú-tras y al escondite por casa y hacer pequeñas separaciones (por ejemplo, aprovechando que está la abuela en casa, bajar a por el pan y subir).

Desde el primer día en la escuela infantil hemos de confiar plenamente en los profesionales que hemos elegido. Con seguridad y confianza, pero también con mucho cariño, le decimos: «Adiós, cariño, me voy al trabajo. Tú te quedas con Sara –por ejemplo–, con quien vas a jugar mucho. Vengo después y comemos juntos». Le damos un abrazo, un beso, y nos marchamos.

En estos casos, suele servir de gran ayuda un objeto o elemento que tu peque y tú tengáis en común, como puede ser una foto vuestra o un dibujo que os pintéis en la mano. Le ayudará a traer tu recuerdo a su mente.

«MAMÁ/PAPÁ, TENGO MIEDO»

Aunque el miedo nos acompaña desde el momento del nacimiento, es precisamente alrededor de los dos años –cuando nuestro hijo toma conciencia de que las personas y los objetos siguen existiendo aunque no podamos verlos– cuando esos miedos se acentúan.

La incertidumbre que genera en el niño pensar que puede haber algo detrás de la cortina o debajo de su cama que él no puede ver determina los miedos experimentados a partir de esta edad.

Hagamos un breve recorrido por los miedos más frecuentes que, a lo largo de estos años, he podido ver que experimentan la mayoría de los niños en función de su edad. Por supuesto, es solo una generalización; cada caso (como bien solemos decir) es un mundo.

* **0-6 meses:** nuestro bebé sentirá miedo ante los ruidos fuertes, las sensaciones físicas desagradables, a estar solo, a ser abandonado…

* **6-12 meses:** el principal miedo que caracteriza esta etapa es el miedo a las personas extrañas y, por supuesto, a separarse de mamá o papá, puesto que esto implicaría su pérdida total. Este miedo se añade a los anteriores.

* **1-3 años:** sumados a todos los anteriores, añadimos el miedo a la oscuridad, a los animales, al agua, al váter, a los disfraces…

¿Qué podemos hacer cuando nuestro peque tiene miedo?

Pensar en lo que a nosotros mismos nos gustaría que hicieran los demás cuando sentimos miedo suele darnos muchas pistas sobre cómo actuar cuando es nuestro peque quien lo experimenta.

A continuación, se incluyen algunas recomendaciones que nos servirán de ayuda a la hora de acompañar a nuestro hijo, sea cual sea su miedo.

* Reconocer el miedo como una emoción más que todos experimentamos en alguna ocasión nos permite empatizar con nuestro peque. Personalmente, poner un ejemplo

similar de lo que a mí misma me da miedo o me daba miedo en mi infancia hace que el niño conecte directamente conmigo, por lo que te animo a ponerlo en práctica.

* Validar siempre el miedo que pueda estar experimentando. Sin criticar, sin juzgar, sin minimizar ni mucho menos castigar. Lo que nuestro hijo está sintiendo es real, para él ese monstruo existe. ¿Qué clase de persona seremos para él si no estamos a su lado cuando más nos necesita?

* Ayudar a nuestro peque a expresar lo que está sintiendo. Poner palabras a lo que sentimos no es tarea fácil, por lo que podremos utilizar ciertos recursos en los que apoyarnos.

  1. *Cuentos:* ayudan al niño a identificar lo que siente a través de las historias y vivencias de los personajes.

  2. *Dibujos:* muchos peques expresan a través del dibujo lo que no pueden transmitir a través de las palabras.

  3. *Juegos:* poner voz a unos muñecos, a un animal de peluche o incluso a un coche, puede ser de gran ayuda para poner palabras a esos sentimientos, haciendo que esos objetos «vivan» situaciones similares a las que generan miedo a nuestro niño.

* Nuestro acompañamiento, el contacto físico (con abrazos, caricias, besos, etcétera), hacerle sentir nuestro apoyo y nuestro respaldo le proporcionarán la seguridad que necesita.

¿Qué podemos hacer para no transferir nuestros propios miedos a nuestro hijo?

Al igual que abrazamos y validamos los miedos de nuestro peque, debemos abrazar y validar los nuestros. Los entenderemos como necesarios, pero también intentaremos, en el día a día y de manera totalmente inconsciente, no transmitírselos a nuestro hijo. De lo contrario, en muchas ocasiones, estaríamos limitando sus oportunidades de aprendizaje.

Para ello, lo más importante es que tengamos en cuenta estas recomendaciones:

* Confiar en nuestro peque y en sus capacidades es primordial. Si nos paramos a pensar…, ¿cuántas veces hemos pensado que nuestro hijo no estaba preparado para hacer algo y después nos ha sorprendido haciéndolo? Seguro que se nos vienen a la cabeza más de una y más de dos. Por lo tanto, la confianza en él será la base para frenar nuestros miedos.

* Aunque nos duela, tendremos que permitirle que «fracase». Hay otras ocasiones en las que sentimos tanto miedo de que no pueda hacer algo por sí mismo, que se lo hacemos nosotros. En el peor de los casos, si realmente no llega a conseguirlo, le estaremos facilitando una maravillosa oportunidad de aprendizaje: la resolución de un problema.

* Advertir sin asustar. Habrá peligros reales que harán que nuestros miedos se disparen, pero incluso en esas situaciones, tenemos que mantener la calma y no transferir nuestros miedos. Por ejemplo, si estamos en el parque, nuestro peque está subiendo por el tobogán y vemos que falta una barra, tenemos dos opciones: «¡Bájate de ahí ahora mismo, que te vas a caer!» o «¿Has visto que falta una barra?». Con las dos advertimos, pero solo con una le asustamos y generamos ese miedo.

* Asumir que hay ciertas cosas que no podemos evitar también nos ayuda a dejar a un lado nuestros miedos. Ojalá pudiéramos proteger a nuestros hijos de todo mal, pero

habrá ocasiones en las que se caiga, otras en las que llore, otras en las que se frustre… También son oportunidades que nos permiten aprender y evolucionar juntos.

CUANDO TODO ES «NO»

En el breve recorrido por el desarrollo emocional de nuestro peque con el que arrancábamos este capítulo, veíamos que esta etapa llega más o menos entre los dieciocho y los veinticuatro meses de vida.

Es una etapa difícil de gestionar porque pondrá a prueba nuestra paciencia en más de una ocasión, pero también será una prueba más de que el desarrollo de nuestro peque sigue su curso.

El niño comienza a manifestar su independencia. Muchas veces, desconocerá lo que verdaderamente implica ese «no» que nos da por respuesta. El hecho de ejercer su voluntad y demostrarnos que él también puede decidir será lo que defina esta etapa.

¿Qué podemos hacer cuando todo es «no»?

* Pensar en el número de veces que nosotros mismos utilizamos el «no» como respuesta en nuestro día a día («no te subas ahí», «no cojas eso», «ahora no, más tarde…»). Recordemos que somos su modelo y, aunque nuestra respuesta sea la misma, siempre podremos establecer límites de forma positiva (como veremos más adelante).

* Permitir que exprese su desacuerdo. Habrá ocasiones en las que podremos ser más flexibles, pero también otras en las que no exista negociación posible y le haremos saber los motivos. Por ejemplo: «Entiendo que prefieras ir tú solo corriendo, pero cuando nos acerquemos a la calzada, tenemos que ir de la mano. Si no, podría pillar-

te un coche. Después ya puedes correr tú solo». Esto no significa que nosotros quedemos siempre «por encima» de nuestro hijo.

✴ Cuando sea posible, ofrecerle la opción de elegir entre alternativas, en lugar de emitir una orden. Muchas veces, introduciendo este pequeño cambio daremos a nuestro peque la «sensación de control» que necesita. Por ejemplo: «Ahora no podemos bajar al parque porque está lloviendo, pero podemos sacar un juego o hacer un dibujo, ¿qué te apetece hacer?».

✴ Elaborar una especie de mantra al que podamos recurrir aquellos días en los que hayamos obtenido como respuesta un «no» una media de cincuenta veces.

RECUERDA, tu peque...

- No te está retando.
- No te está poniendo a prueba.
- No quiere llevarte al límite.
- No quiere hacerte la vida imposible.
- No es un pequeño tirano.
- No es un egoísta que no piensa en ti.

CÁMBIALO por...

- Está atravesando esta fase en su desarrollo, y es normal y beneficioso que la viva.
- Esta fase también pasará.
- Necesita que estés a su lado, igual que en el resto de las etapas. No porque sea más difícil vas a actuar de manera diferente.

LAS RABIETAS
¿Qué es y por qué se produce una rabieta?

Lo que comúnmente conocemos como *rabieta* es en realidad un desborde emocional que genera un gran malestar en el niño. No se trata de un simple enfado; precisamente, la *rabieta* hace referencia al alto nivel de rabia que genera en el niño una determinada situación.

Sabemos que es alrededor de los dos años (algunos peques incluso meses antes) cuando tiene lugar la aparición de las primeras rabietas. La impaciencia, la baja tolerancia a la frustración, la necesidad de independencia, de crear su propia identidad y la autodeterminación que caracterizan esta edad hacen que el niño reúna todos los requisitos para que el estímulo o la situación menos esperada provoquen ese desborde emocional en él.

Para entender por qué se produce una rabieta, necesitamos visualizar el cerebro de nuestro peque e imaginar una línea que lo divide en dos partes. Para no entrar en tecnicismos sobre áreas y procesos cerebrales, vamos a diferenciar el cerebro superior, al que vamos a llamar *racional*, y el cerebro inferior, al que vamos a denominar *emocional*.

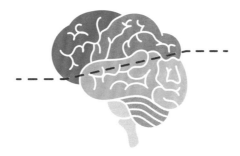

De forma muy simplificada, el «cerebro emocional», encargado de generar las emociones fuertes, los impulsos y las reacciones innatas, está desarrollado ya desde el momento del nacimiento, mientras que el «cerebro racional», encargado de controlar las emociones, de tomar decisiones y planificar nuestra conducta, no termina de desarrollarse hasta la edad adulta (aproximadamente, hasta los veinte años).

Por lo tanto, nuestro peque siente un montón de emociones generadas por su «cerebro emocional», pero no cuenta con una herramienta que pueda dirigirlas ni controlarlas, puesto que su «cerebro racional» todavía es inmaduro. Es por esto por lo que se produce una rabieta. Anatómica y evolutivamente no podemos esperar que el niño sea capaz de controlar sus impulsos y sus emociones cuando le decimos que no puede hacer o tener algo que quiere, cuando algo no le gusta o cuando las cosas no suceden como espera.

Sería totalmente ilógico que nos enfadáramos con nuestro bebé de seis meses porque no anda y tenemos que llevarle en brazos… ¿verdad? ¿Por qué entonces nos parece lógico enfadarnos con nuestro peque de dos años porque hay situaciones que le provocan tal malestar que le lleva a esa explosión, cuando su desarrollo tampoco se lo permite?

¿Se puede evitar una rabieta?

Sería estupendo que pudiéramos encontrar el truco que nos permitiera evitar las rabietas de nuestro peque, ¿verdad? Le estaríamos evitando pasar malos momentos, en los que debemos tener en cuenta que su sufrimiento es real, y al mismo tiempo, también hay que decirlo, nos estaríamos ahorrando esos malos ratos a nosotros mismos.

Lo cierto es que ante la pregunta «Bea, ¿se pueden evitar las rabietas?», mi respuesta tiene que ser necesariamente ambigua: «Depende». Si la rabieta es producida por necesidades básicas no cubiertas (como pueden ser hambre o sueño) o por no haber anticipado correctamente a nuestro peque lo que iba a suceder, sí se pueden evitar; bien cubriendo esas necesidades básicas, o bien anticipando, por ejemplo, con un reloj visual, un reloj de arena o una alarma en el móvil, el tiempo que falta para dejar de jugar e irnos del parque.

No obstante, habrá otras rabietas que no podamos evitar. Como nos sucede a los adultos, habrá cosas y situaciones que a nuestro peque no le gusten, con las que no esté de acuerdo, que le hagan entristecer, etcétera, sin que nosotros podamos hacer nada al respecto para remediarlo. Y, además, será tremendamente beneficioso para él y su desarrollo que no podamos hacerlo, porque de esta forma estaríamos limitando sus oportunidades de aprendizaje en lo que a las emociones y su gestión se refiere.

¿Qué podemos hacer ante una rabieta?

Podríamos dedicar todo un libro a este apartado. Qué hacer y cómo actuar ante una rabieta va a depender en gran medida de las características individuales de nuestro peque. Por suerte, hay directrices que todos podemos tener en cuenta si nuestro objetivo es acompañar a nuestro hijo de la forma más respetuosa posible mientras su desborde emocional está teniendo lugar.

Hoy en día, tenemos acceso a tantísima información al respecto que lo más difícil no es saber, sino poner en orden toda esa información y aplicarla en las situaciones que la necesitamos. Por eso, simplificar los pasos que podemos dar desde el momento en el que se desencadena la rabieta puede resultarnos mucho más útil que cualquier larga explicación sobre ello.

Lo que sí podemos hacer

MOMENTO EXPLOSIVO	MOMENTO REFLEXIVO
- Colocarnos a la altura de nuestro peque. - Acompañarlo, siempre respetando su espacio (hay peques que agradecen el contacto físico y otros peques que lo rechazan). - Utilizar muy pocas palabras («estoy aquí, contigo»).	- Empatizar y validar su emoción («sé que estás muy enfadado/triste/asustado…», «es normal, a mí también me enfada/me pone triste/me asusta…»). - Mantener el mismo tono y volumen de voz que teníamos antes de que esto sucediera. - Recordar que nuestro peque lo está pasando mal, que nos necesita más que nunca, y retirar de nuestra cabeza todos aquellos pensamientos que nos lleven a plantearnos que se trata de algo personal, que lo hace para fastidiarnos, que es un malcriado…

Dependiendo de la situación, del motivo por el que se desencadene la rabieta y del estado emocional de nuestro peque, podemos poner en práctica cualquiera de estas tres opciones:

* Ofrecer una solución alternativa al problema («¿qué te parece si jugamos en casa/hacemos la cena juntos/leemos un cuento…?»).

* Ofrecer alternativas para que pueda tomar una decisión («¿qué prefieres: jugar con los coches o hacer un dibujo?»).

* Buscar un plan juntos («¿qué podríamos hacer para solucionarlo?»).

Lo que no podemos hacer

MOMENTO EXPLOSIVO	MOMENTO REFLEXIVO
- Invadir su espacio si él nos rechaza. - Dejarle solo, aunque nos rechace. Permaneceremos en la distancia, pero dentro de su campo visual. - Dar largas explicaciones; no es momento de palabras. - Gritar o perder la calma (recordemos que es su cerebro el que está en desarrollo). - Hacer como si nada. Concederemos la importancia que merece a lo que está sintiendo.	- Hacerle sentir culpa o malestar («no, ahora no, no todo va a ser cuando tú quieras»). - Ceder a su deseo. Acompañar de forma respetuosa no implica permisividad. - Tratar de imponer porque sí. Nuestro objetivo es conectar y acompañar, no quedar por encima.

LOS LÍMITES

Ante las rabietas de nuestro peque, siempre nos surge una duda: ¿límites sí?, ¿límites no?, ¿lo estaré haciendo bien?

Los límites serán siempre necesarios para el desarrollo de nuestro peque. Serán imprescindibles, como mínimo, los límites de seguridad (como no tocar una plancha) y los de convivencia (como no pegar a los demás) para asegurar la calidad de vida de nuestro peque y la del entorno que le rodea. Será fundamental, por lo tanto, que reflexionemos acerca de qué límites son en realidad necesarios y qué límites están estableciéndose por otros factores.

Cuando tengamos dudas sobre si un límite es necesario o no, si estamos siendo demasiado exigentes o, por el contrario, demasiado permisivos, chequearemos que ese límite tenga un sentido y una función, y revisaremos si respeta tanto a nuestro peque como a nosotros mismos o supone una humillación para alguna de las partes.

Pero, además de al qué, tenemos que prestar mucha atención al cómo. Límites sí, pero, como decíamos, desde el respeto, no desde el autoritarismo ni la permisividad. Que decidamos tratar a nuestro peque como a nosotros mismos nos gustaría que nos trataran (con cariño, con amabilidad y con respeto) no significa que todo valga. A la hora de establecer un determinado límite (por ejemplo, «no cojas eso»), estaremos muy seguros de estar estableciéndolo en pro de su desarrollo y, con esa misma seguridad, debemos mantener nuestra decisión. Explicaremos a nuestro peque por qué no puede coger eso, validaremos lo que este límite puede hacerle sentir, le acompañaremos e intentaremos buscar otras alternativas juntos.

¿Qué hacemos si nuestro peque sobrepasa un límite?

Esto es algo con lo que tenemos que contar. Nuestro peque, antes o después, va a sobrepasar alguno de los límites que establezcamos. Pero, ante esta situación, en lugar de humillarle con frases como «¿ya estamos otra vez?», «¿es que eres sordo?», «¿no ves que te estoy diciendo que no cojas eso?», o de hacer como si nada, dejando pasar lo sucedido, aprovecharemos para hacer que las consecuencias también sean productivas.

Si, por ejemplo, lo que le estábamos pidiendo era que no cogiera el jarrón de la abuela y, al final, este se ha roto, aprovecharemos esta situación para exponer cómo nos sentimos todas las personas involucradas y para buscar juntos la mejor manera de resolver el problema. No será fácil mantener la calma ante determinadas situaciones, pero, como veremos a continuación, los gritos, los castigos o las amenazas solo aportarán efectos negativos y perjudiciales para el desarrollo de nuestro hijo, no harán que aprenda mejor.

¿Por qué los límites no funcionan con nuestro peque?

Ahora bien, cuando vemos que nuestro peque sobrepasa estos límites de manera continua, hay algo que no está funcionando como debería. En la mayoría de las situaciones, si revisamos los aspectos que se exponen a continuación, podemos dar con la clave de lo que está sucediendo.

Puede ser que…

* *Pongamos demasiados límites en nuestro día a día:* nuestra función no será limitar cada paso o acción que lleva a cabo nuestro peque, sino, como veíamos, establecer límites solo cuando sus acciones afecten a la seguridad, al respeto o a la convivencia. Así pues, lejos del «estate quieto», «no interrumpas», «no toques eso» o «no hables así», podremos pararnos a pensar: «¿Esto que le estoy pidiendo a mi peque es realmente necesario?».

* *Los límites no estén ajustados a su edad o a sus necesidades:* en otras ocasiones, pretendemos que nuestro peque desarrolle actitudes o comportamientos para los que, por su propio desarrollo, no está preparado. Por ejemplo, que permanezca sentado una cantidad de tiempo para la que todavía no está preparado o que sea capaz de controlar ciertas reacciones que todavía no es capaz de controlar.

* *Nos falte constancia:* esto es así, tan real como la vida misma. Nuestro tiempo, nuestra energía y nuestras ganas no siempre son las mismas, pero tenemos que saber que esa falta de constancia puede ser precisamente la causante de que las cosas que hacemos bien algunos días

no funcionen. Y, sin caer en la culpa ni en la sobreexigencia, nuestro objetivo no será hacer las cosas perfectas en todo momento, sino marcarnos cada día pequeños objetivos que sí podamos alcanzar (por ejemplo, ante cinco rabietas, acompañar cuatro de forma respetuosa).

* *No existan alternativas:* siempre que establezcamos un límite, tenemos que asegurarnos de que también ofrecemos alguna alternativa a nuestro peque que sí pueda hacer en ese momento («no puedes X, pero sí puedes Y»). De lo contrario, la única opción que tendrá será sobrepasar el límite establecido.

* *Nos falte paciencia:* este ingrediente es imprescindible en todo lo que se refiere a nuestro peque y, en muchísimas ocasiones, es al que más nos cuesta recurrir. Los cambios no tienen lugar de un día para otro, pero, si no desesperamos, esos cambios llegan para quedarse, mejorando nuestra vida de forma determinante.

LOS CHANTAJES

A problemas desesperados, soluciones desesperadas, ¿verdad? Los chantajes son el recurso perfecto al que recurrimos cuando parece que nada más funciona o nuestro tiempo y nuestra energía son limitados. Lo cierto es que, con ellos, solo estamos resolviendo la situación puntual ante la que nos encontramos o, en otras palabras, estamos «saliendo del paso»; porque las consecuencias de estos a corto y largo plazo no serán tan positivas para nuestro peque.

Utilizando el chantaje, solo daremos a entender al niño que, para que haga una determinada acción, siempre tendrá que haber una recompensa externa que le motive a realizarla. De lo contrario, no la hará.

¿Qué podemos hacer para no recurrir al chantaje?

En lugar de amenazarle con quitarle algo externo o de tratar de motivarle ofreciendo algo añadido, tenemos varias opciones (en función de la situación, aplicaremos una u otra):

Podemos explicarle las consecuencias de sus acciones

Pero ¡cuidado!, para que estas consecuencias no se conviertan en chantajes (o incluso en castigos) enmascarados, tienen que ser siempre:

* Razonables (ajustadas a lo que ha sucedido).

* Relacionadas (que guarden relación con lo sucedido).

* Reveladas con anterioridad (que nuestro peque no las descubra después).

* Respetuosas (que no supongan una ofensa o una humillación para él).

Ejemplo: nuestro peque no quiere guardar los juguetes.

* *Chantaje:* «Venga, si recoges, te dejo un poquito la tableta».

* *Consecuencia:* «Si no me ayudas a recoger, tendré que hacerlo solo y no nos dará tiempo a hacer el bizcocho que habíamos pensado».

La consecuencia natural de que recoja una sola persona en lugar de dos es que esa persona tardará más tiempo y, como consecuencia natural también de esto, quedará menos tiempo para hacer lo previsto a continuación.

Tratar de buscar su motivación personal, en lugar de la motivación externa

¿Acaso no nos sentimos maravillosamente bien cuando hacemos las cosas como creemos que tenemos que hacerlas? Traslademos ese mensaje a nuestro peque desde edades muy tempranas, para que así no dependa de personas o elementos ajenos, solo de sí mismo.

Ejemplo: nuestro peque no quiere lavarse los dientes.

* *Chantaje - Motivación externa:* «Siempre estás igual; si no te lavas los dientes, no hay tele».

* *Motivación interna:* «Ayer lo hiciste fenomenal tú solo, ¡hoy repetimos!».

Valorar su esfuerzo, por muy pequeño o simple que este pueda parecernos

No buscamos la perfección, buscamos su cooperación, por lo que tendremos que motivar a nuestro peque en cada paso que dé.

Ejemplo: nuestro peque no quiere guardar los juguetes.

* *Chantaje - Motivación externa:* «Si no dejas todo tal y como estaba, no te voy a comprar ese coche que tanto te gusta».

* *Motivación interna:* «Veo que has guardado los coches fenomenal; ¿guardamos juntos el resto de los juguetes? ¡Lo tendremos listo en un periquete!».

Pedirle que nos ayude a buscar opciones

Poner su cerebro en funcionamiento también puede ser una estrategia muy interesante, en lugar de dar una orden concreta que contenga un chantaje.

Ejemplo: nuestro peque no quiere dejar la tableta.

* *Chantaje - Motivación externa:* «O me das la tableta ahora mismo o mañana no vamos al parque».

* *Motivación interna:* «¿Te apetece que hagamos algo juntos?».

NUESTRO PEQUE PEGA/ NOS PEGA/SE PEGA

En la mayoría de las ocasiones, nuestro peque no va a aceptar los límites con agrado, sino todo lo contrario. Ante ellos, es muy probable que surjan conductas de oposición y rebeldía, a través de las cuales nos va a manifestar su desacuerdo. Una de estas formas de expresión suele ser la violencia: que nuestro peque pegue a los demás, que nos pegue a nosotros o incluso que se pegue a sí mismo. Por lo tanto, y ante la alta frecuencia con la que se produce la aparición de esta conducta entre los niños, será necesario que tengamos las herramientas necesarias para saber reaccionar ante estos tres posibles escenarios.

¿Qué podemos hacer si nuestro peque pega o nos pega?

Ante estas dos situaciones, nuestra forma de proceder debe ser muy similar:

* *La violencia no se responde con violencia:* aunque pudiera ser una reacción totalmente instintiva e inconsciente, nunca podremos actuar de esta manera. En primer lugar, por nuestra posición de adultos capaces de controlar nuestros instintos; en segundo lugar, porque nada (ni siquiera esa posición de adultos) nos da derecho a agredir a nuestro peque; y, en tercer y último lugar, porque si nuestro objetivo es dotar a nuestro hijo de las herramientas necesarias para resolver un conflicto sin agredir a la otra persona, ¿qué clase de ejemplo le estaríamos dando? La coherencia y el sentido común serán siempre las bases de nuestra crianza.

* *Abrazar la emoción:* siempre habrá una emoción que desencadene esa conducta. Por lo tanto, tenemos que aprender a diferenciar y validar la emoción, pero a desaprobar la conducta.

  Para validar y empatizar, como ya hemos hecho en situaciones anteriores, podemos utilizar frases como «entiendo que estés triste, yo también lo estoy pasando fenomenal en el parque» o «a mí tampoco me gusta que terminen los ratos divertidos». Esto nos permitirá conectar con nuestro hijo: «Mamá/papá me entiende», «Sabe cómo me siento».

* *Desaprobar la conducta:* nunca, bajo ningún concepto, permitiremos que nuestro peque nos pegue o pegue a otra persona. Como ya sabemos, los límites son necesarios y esta es una de las banderas rojas ante las que, obligatoriamente, tenemos que actuar.

    1. No recurrir al autoritarismo («¿que tú me vas a pegar a mí?», «pero ¿quién te has creído que eres?»), pero tampoco a la permisividad («venga, tranquilo, no me pegues, ya está», mientras nos sigue agrediendo).

2. Desde el cariño y el respeto, pero con firmeza, podemos establecer el límite e impedir que esa conducta se lleve a cabo: «No, no me gusta que me pegues, me haces daño». Sin gritar, sin zarandear, sin perder los nervios. Incluso, si es necesario, cogeremos de las manos a nuestro peque o pondremos distancia de por medio (sin dejarle solo, por supuesto) para establecer ese límite. Pero nunca permitiremos que nos pegue o que pegue a los demás, porque ese tampoco es el mensaje que queremos trasladar a nuestro hijo.

* *Ofrecer alternativas:* recordamos que, cuando decimos a nuestro peque que no puede hacer algo, siempre que sea posible tiene que ir acompañado de algo que sí pueda hacer: «Si necesitas descargar, siempre podemos utilizar un cojín o una almohada, o podemos salir a echar unas carreras». De esta forma, no nos quedaremos anclados en el «no» y será más fácil salir del bucle en el que nos encontramos.

¿Qué podemos hacer si nuestro peque se pega a sí mismo?

Ante situaciones emocionalmente desbordantes, nuestro peque también puede reaccionar agrediéndose a sí mismo: dándose golpes en la cabeza, mordiéndose, tirándose del pelo, etcétera. Y, como en el caso anterior, tenemos que actuar.

Por lo general, esta conducta suele presentarse entre los dieciocho y los treinta meses, periodo en el cual nuestro hijo todavía no ha adquirido las herramientas necesarias para poder comunicar lo que quiere, lo que siente o lo que necesita, y su recurso disponible es este.

Los pasos que debemos dar son muy similares a la situación anterior:

* *Asegurar el bienestar de nuestro peque:* a través de la contención física y emocional, impediremos cualquier daño.

* *Cuando esté más calmado, empatizar y conectar:* «Entiendo que…», «Es normal sentir…».

* *Poner palabras a lo que está sintiendo:* esto le ayudará a adquirir el modelo de lo que él mismo tendría que hacer en esas situaciones.

* *Ofrecer alternativas que permitan canalizar sus emociones:* actividad física, dibujar, cantar una canción…

¿Qué no podemos hacer?

* *Ignorar y desatender la conducta:* quizá podamos llegar a pensar que, atendiendo a nuestro peque en este momento, podríamos estar reforzando la conducta, pero nada más lejos de la realidad. En caso de ignorarla, estaríamos poniendo en riesgo la seguridad del niño, pues, hasta que no adquiera otras estrategias, seguirá poniendo en marcha este comportamiento.

* *Proporcionarle aquello que quiere para que deje de hacerlo:* si hemos establecido un límite, ha sido porque lo considerábamos necesario para la seguridad o la convivencia. Por lo tanto, que este límite desencadene esta conducta en concreto no va a restar importancia al motivo por el que fue establecido, por lo que ceder ante determinadas conductas no será la solución.

* *Tomarlo como algo personal:* considerarlo como una provocación solo nos distanciará de nuestro peque. Entender la conducta como parte de su desarrollo y como la única

estrategia que tiene nuestro hijo para afrontar determinadas situaciones hará que podamos atender y acompañar de forma respetuosa sus necesidades.

NUESTRO PEQUE SE FRUSTRA

Controlar la frustración que nos genera el hecho de no poder hacer una determinada cosa o, simplemente, que algo no salga como nosotros queremos es una labor que incluso a nosotros (como adultos) nos supone un gran esfuerzo emocional.

Por lo tanto, para nuestro peque tampoco puede ser tarea fácil. Más aún cuando se encuentra en un periodo en el que sus capacidades de planificación, regulación, autocontrol, etcétera, se encuentran en pleno desarrollo.

No obstante, las frustraciones de nuestro peque pueden servirnos como situaciones de aprendizaje, en las que nos va a necesitar más que nunca a su lado; no para que siempre encontremos la solución al problema al que se enfrenta, sino como acompañantes de las emociones que en él genere.

¿Qué podemos hacer si nuestro peque se frustra?

* *Valorar cada esfuerzo:* si nos centramos solo en el resultado y únicamente valoramos las ocasiones en las que todo ha salido bien, nuestro peque también lo hará. Y, por el contrario, aquellas situaciones en las que no obtenga el final esperado, le llevarán a la frustración inmediata. Por eso, es importante que tengamos en cuenta el proceso, cada pasito, cada esfuerzo que nuestro hijo realice para conseguir una determinada acción.

Ejemplo: si está haciendo un puzle, en lugar de esperar a que termine para reconocerle su esfuerzo, resultará mucho más beneficioso valorar el proceso que está llevando a cabo para su construcción, con un «oye, cariño, ¡veo que te estás esforzando mucho!».

* *Mostrar optimismo y aportar positividad:* en los momentos de frustración, aunque a veces sea difícil, trataremos de evitar comentarios como «ya estamos otra vez…», «¿es que siempre te tienes que enfadar?» o «cuando te pones así, pareces un bebé», que lo único que van a conseguir es agravar la situación. Intentaremos aportar la perspectiva que en esos momentos necesita nuestro hijo: «Estás haciendo un gran trabajo, ¿seguimos juntos?», «Seguro que juntos lo conseguimos, ¿qué podemos hacer?», «Vamos a probar a hacerlo así, ¡a ver si nos sale!».

* *Ayudarle, pero no hacerlo por él:* si nuestro objetivo es que adquiera estrategias de resolución de problemas, por supuesto le vamos a ofrecer nuestra ayuda, pero eso no implica que tengamos que hacer las cosas por él. Si, por ejemplo, no puede abrir una caja, le enseñaremos cuál es el mecanismo y solicitaremos su colaboración, aunque solo sea poniendo sus manos sobre las nuestras si se trata de un mecanismo demasiado complejo.

* *Validar las emociones que experimente:* es muy fácil empatizar con nuestros peques en estas situaciones. Sabes perfectamente lo que se siente cuando no consigues hacer algo, ¿verdad? Trataremos de cambiar el «no llores, que no ha pasado nada» o el «no te pongas así, que es una chorrada» por un «entiendo que estés triste, estabas poniendo todo tu esfuerzo en construir esa torre» o «entiendo que estés enfadado, a mí tampoco me gusta que se me rompan las cosas».

* *Explicar los motivos:* en caso de que la frustración venga por algo que no pueda conseguir en un preciso momento, evitaremos el «te he dicho que no, y punto» o el «porque lo digo yo» y ofrecer nuestros argumentos: «Ahora no podemos bajar a la calle con el coche teledirigido porque está lloviendo, pero podemos montar el Scalextric y jugar en la habitación».

* *Ajustar los límites y las metas a su nivel de desarrollo:* en lugar de fijarnos en su edad cronológica, siempre nos fijaremos más en su nivel de comprensión, de autonomía, de destrezas motoras, etcétera, para solicitar a nuestro peque que lleve a cabo una determinada acción. La frustración, en muchas ocasiones, viene provocada por juegos o actividades que están por encima de sus capacidades; por ejemplo, un puzle de cincuenta piezas para un peque de dos años.

* *Utilizar ejemplos de superación:* no de otros niños o de otras personas, sino de sí mismo. Rescata experiencias anteriores que haya superado con éxito, como, por ejemplo: «¿Te acuerdas cuando necesitabas ayuda para ponerte el abrigo? ¿¿¿Y ahora quién se lo pone solo???». Le motivará muchísimo.

Lo más importante en todo esto es que hagamos ver a nuestro peque que todos somos humanos, que todos tenemos nuestros puntos fuertes y nuestros puntos débiles y que siempre habrá cosas que sepamos hacer mejor y otras para las que necesitemos más tiempo o esfuerzo. Además, debemos transmitir la idea de que todos necesitamos la ayuda de los demás en algún momento de nuestra vida y eso no nos hace ser menos fuertes, sino todo lo contrario.

LOS CELOS

Nuestro peque puede y, por lo general, suele experimentar celos en los primeros años de vida. Los celos son un sentimiento que se genera a raíz del miedo que nos supone la idea de no ser queridos o de que nuestras personas más cercanas quieran a otros más que a nosotros mismos. Por lo tanto, resulta totalmente lógico que, en algún momento de su infancia, estas ideas puedan pasar por la mente de nuestro hijo y desencadenar sus efectos.

La llegada de un bebé

La llegada de un bebé muy frecuentemente supone una de las primeras veces en que nuestro peque experimente los celos. Este momento implica un gran cambio para nuestro hijo (ahora el mayor), puesto que ha vivido siempre sin la necesidad de competir por nuestra atención, por nuestros mimos, por nuestros cuidados, etcétera, y, a partir de ese momento, tendrá que aprender a compartirlos.

No obstante, hay ciertas recomendaciones que podemos tener presentes para que este gran cambio suponga el menor impacto para él.

Antes de la llegada del bebé

* Comunicar nosotros mismos la noticia a nuestro peque, sin que se nos adelanten terceras personas (abuelos, primos, amigos, etcétera). Por lo tanto, cuando decidimos compartir esta noticia, debemos pensar en que él será una de las primeras personas en enterarse, y no al contrario.

* Invitar a nuestro peque a hablar de los sentimientos y las emociones que genera en él la noticia, para así poder abordarlos desde el inicio. No es necesario que sea en

el mismo momento en el que le comunicamos la noticia; quizá necesite cierto tiempo. Si nuestro peque todavía no puede expresarlo a través de las palabras, podemos utilizar el dibujo, el juego con muñecos o los cuentos como forma de expresión alternativa.

* Hacer partícipe a nuestro peque de las decisiones importantes relacionadas con la llegada del bebé, para que así se sienta arropado e involucrado. Puede ayudarnos a elegir su nombre, a preparar sus cosas, a decorar su cuarto, etcétera. De esta manera, su actitud será muy diferente.

* Podemos revisar las fotos de su embarazo, de su nacimiento, de su llegada a casa…, y hablar de cómo será todo el proceso que vamos a vivir, para que así cuente con toda la información que necesita. Seguro que, una vez llegado el momento, surgirán muchas más dudas y nos enfrentaremos a situaciones que ni siquiera habíamos planteado, pero de esta forma afrontará las novedades con mayor seguridad.

* Tratar de que no se convierta en el único tema del que se habla en casa. Una vez informado, será nuestro peque quien nos pregunte o nos pida más información sin que tengamos que estar constantemente hablando sobre ello.

Después de la llegada del bebé

* Evitar cualquier cambio siempre que esté en nuestra mano. Habrá acontecimientos que surjan y que no podamos hacer nada por evitar, pero, a ser posible, nuestras rutinas tienen que ser muy similares a las que teníamos antes de que llegara el bebé.

* No impedir a nuestro peque acercarse al bebé y, en el extremo opuesto, tampoco obligarle a hacerlo. Cada niño

tiene sus tiempos, sus reacciones, y tenemos que respetarlos sean cuales sean.

*   Dar a nuestro peque la posibilidad de participar en los cuidados del bebé, otorgándole un papel importante, pero sin responsabilizar de ellos al que ahora es nuestro hijo mayor. Si le apetece, puede ayudarnos a preparar su comida, a bañarle, a contarle un cuento… Compartiréis tiempo juntos y le hará sentir especial.

*   Buscar momentos y espacios únicos para compartir con él, que sienta que son muy suyos y que solo él tiene con mamá o papá. Además, tenemos que procurar que estos momentos y espacios formen parte de nuestra rutina y que no se produzcan de manera aislada. Necesitamos que se repitan, al menos, semanalmente.

*   En aquellos momentos en los que pueda experimentar celos, hacerle ver que sabemos perfectamente cómo se siente y que esos sentimientos son totalmente válidos, con mensajes de este tipo: «Entiendo perfectamente cómo te sientes, sé que todo ha cambiado y que te gustaría que fuera como antes…».

Celos entre hermanos

Resulta necesario que nos detengamos en este último punto: ¿qué hacemos cuando surgen los celos entre hermanos? Hay algunas recomendaciones de las que ya hemos hablado, pero, para tenerlos siempre a mano y que sea más fácil recordarlos, a continuación, veremos los consejos básicos a los que recurrir en estas situaciones:

*   Si los celos se producen por ese miedo a no ser queridos o a no ser tan

queridos, la solución siempre será el cariño y el amor. De nada nos servirá que nos enfademos, que minimicemos o ignoremos lo que el niño está sintiendo; esto solo hará que la situación empeore.

* En el momento en el que nuestro peque nos comunique que siente celos (por ejemplo, «es que ya nunca juegas conmigo» o «solo juegas con mi hermana»), necesitaremos mostrar escucha, comprensión y empatía, aunque objetivamente no compartamos su queja. Nuestro peque lo siente y es por algo.

* Permitir que nuestro peque exprese lo que está sintiendo y, si fuera necesario, ayudarle a expresar sus sentimientos sin hacer daño u ofender a los demás.

* Conectar con lo que siente y, como hemos hecho en otras situaciones, podemos poner algún ejemplo en el que nosotros mismos nos hayamos sentido de una forma similar («entiendo cómo te sientes, a mí también me encantaba que mi mamá jugara solo conmigo»).

* Intervenir, sin posicionarnos. No es necesario que entremos en un debate de hasta qué punto tiene o no razón nuestro peque (o ambos), sino que todos nuestros esfuerzos estarán dirigidos hacia la búsqueda de soluciones.

* Buscar una solución juntos. A veces, con preguntas tan sencillas como un «¿qué necesitas?», podemos obtener la respuesta que tanto buscamos. Si no fuera así y nuestro peque no fuera capaz de verbalizarlo, utilizaremos los recursos externos que mencionábamos anteriormente (dibujos, cuentos, juego simbólico, etcétera) y buscaremos el trasfondo de las conductas que puedan surgir en el día a día, en lugar de quedarnos en la superficie.

LAS PÉRDIDAS

Nos resulta muy incómodo, por lo general, hablar de la muerte. Hoy en día, todavía es un tema tabú en nuestra sociedad que solo compartimos cuando, por desgracia, llega a nuestras vidas de forma más o menos cercana. Pero la situación todavía resulta más difícil, si cabe, cuando tenemos que tratar este asunto con nuestro peque. Ya no solo es incómodo, sino también complejo y delicado.

¿Qué podemos hacer si sufrimos la pérdida de un ser querido?

Nunca es fácil decir adiós a un ser querido, y mucho menos que tenga que ser nuestro hijo quien le dé ese último adiós. Por eso, a continuación, veremos las recomendaciones que no nos van a facilitar la labor, pero sí nos pueden guiar en este duro camino:

* *Hablar siempre con la verdad:* adaptaremos nuestro mensaje a la edad o el nivel de desarrollo de nuestro peque, pero evitando las mentiras o las falsas esperanzas que, por protegerle, se nos puedan pasar por la cabeza en un primer momento. Responderemos a todas las dudas que puedan surgirle, sin rodeos ni cambios de conversación; hablando con naturalidad, con sencillez, pero, sobre todo, con cariño, delicadeza y sinceridad.

* *Mostrar y compartir nuestras emociones:* en muchas ocasiones, y también por evitar que nuestro peque pueda sufrir más de la cuenta, escondemos u ocultamos lo que sentimos. Como en el resto de las situaciones de la vida, para nuestro peque somos modelo y ejemplo, por lo que, si nos ve llorar y nos escucha expresar nuestros sentimientos, indirectamente estará aprendiendo a gestionar de esta manera estos difíciles momentos. Si, por el contrario,

no lloramos, hacemos como si nada y tratamos de reprimir nuestras emociones, ese será el patrón de gestión que seguirá en su vida adulta.

Importante: no pensemos con esto que mostrar una actitud positiva será contraproducente, ni lo contrario, que mostrarnos decaídos todo el tiempo será lo mejor para nuestro peque. Lo ideal sería que todo se dé en su justa medida o que, si no podemos llegar a ese ideal, busquemos la ayuda de un profesional con el que poder adquirir las herramientas que nos permitan gestionar la situación que estamos viviendo y, así, también ayudar indirectamente a nuestro peque a vivirla de manera adaptativa.

* *Mostrarnos disponibles:* disponibles para hablar sobre todo aquello que necesite compartir, de manera que nuestro peque sienta la confianza suficiente como para poder preguntarnos las dudas que, en un momento determinado, se le puedan pasar por la cabeza. Para ello, tenemos, por supuesto, que mostrar predisposición, pero, principalmente, evitaremos minimizar, infravalorar o ridiculizar esas dudas. Comentarios como «¿ya estamos otra vez?» o «¡qué cosas tienes! ¿Cómo puedes pensar eso?» alejarán a nuestro peque y, por lo tanto, también nuestras conversaciones.

* *Tener en cuenta que podrán (re)surgir ciertas conductas:* necesidades o miedos ya superados por nuestro peque, cosas que ya no hacía y ahora vuelve a hacer, mayor irritabilidad, algunas somatizaciones, como dolores de tripa o de cabeza…, todo ello tendrá cabida, y entraría dentro de lo esperable, en este difícil proceso. Lo más

importante es no quedarnos en la superficie, es decir, en la conducta como tal, sino llegar al fondo, a lo que realmente está transmitiendo, y así poder hallar la verdadera solución.

* *Preparar juntos un ritual de despedida:* permitirá a nuestro peque decir adiós a quien nos deja y le ayudará a simbolizar un final y un comienzo. Podemos escribir una carta juntos, aunque sea muy sencilla, crear un álbum de fotos, hacer una caja de recuerdos, etcétera, cualquier cosa que nos permita establecer ese cierre simbólico y, por supuesto, recurrir a él siempre que lo necesitemos.

¿Y si el ritual de despedida de mi peque pasa por querer ir al tanatorio? Sería una opción más, totalmente válida. Sí, es verdad que se trata de una sugerencia propia de niños más mayores, generalmente a partir de los seis años, pero deberíamos considerarla como una posibilidad más. Sería necesario hacer todo un trabajo previo de anticipación y comunicación, en el que informemos a nuestro peque de cómo es el espacio al que va a acudir, qué verá en él, las posibles reacciones que podrá observar en el resto de las personas…, pero negarle la opción podría traer consigo más desventajas que beneficios.

Por lo tanto, y como conclusión, estar tristes, despedirnos, recordar con tristeza, añorar, echar de menos, sonreír al pensar, recordar con alegría, etcétera, son momentos emocionales por los que sí o sí tendremos que pasar y, si lo hacemos juntos, estaremos ofreciendo a nuestro peque el modelo y las herramientas necesarias para afrontar una de las situaciones más difíciles de su vida.

CONCLUSIÓN

lo largo de este libro nos hemos dedicado por completo a conocer el desarrollo del niño para así poder entender, cuidar y acompañar cada etapa que nuestro peque atraviese.

Pero ¿qué pasa con nosotros mismos? ¿Nuestro propio cuidado acaso no es importante? Lo cierto es que sí. Y mucho más de lo que consideramos en nuestro día a día.

Nuestro hijo va a estar bien siempre y cuando nosotros también lo estemos.

Cuidarte no es egoísta, es necesario

Aunque, en ocasiones, nos pueda parecer difícil o innecesario, tenemos que hacer todo lo posible por buscar momentos que nos permitan descansar y desconectar. La idea y la pretensión de ser la mamá o el papá ideales a tiempo completo es solo eso, un ideal que nos termina desgastando.

Por lo tanto, salir con tus amigos mientras tu pareja cuida del peque; hacer deporte una hora, dos días a la semana, mientras se queda en casa de los abuelos, o dejarle con unos amigos o cualquier otro familiar para poder disfrutar de una cita en pareja son momentos que hay que buscar, puesto que ya no será tan fácil que surjan de manera espontánea, y sabiendo que lo que hacemos es bueno para nosotros y, por lo tanto, para nuestro hijo.

Como ya hemos visto en repetidas ocasiones, el ejemplo que damos en nuestro día a día a nuestro peque siempre será mucho más potente que cualquier lección que podamos dar a través de las palabras. Si nuestro objetivo es que su desarrollo sea lo más sano y equilibrado posible, nosotros mismos tenemos que disponer de las herramientas y las estrategias necesarias para representar los valores y las actitudes que pretendemos ver en él, y eso pasa, necesariamente, por el autocuidado.

Cuando los modelos de crianza son diferentes

Si estás leyendo este libro mientras esperas la llegada de tu bebé, te adelanto que no será fácil, pero que merecerá mucho la pena. Es muy probable que hayas crecido bajo unos patrones de crianza muy diferentes a los que tratarás de mantener con tu peque, y eso te llevará a que, en ciertas ocasiones, tiendas a reproducir los modelos de respuesta con los que creciste.

Si ya tienes a tu peque entre tus brazos y, en alguna ocasión, ya te has enfrentado a esta situación, solo puedo animarte a seguir luchando contra esos patrones. Sigue intentando aprender algo nuevo cada día, sigue tratando de hacer las cosas cada vez mejor, sigue convencido de que la crianza basada en el cariño y el respeto será siempre la mejor opción y que todo aquello que conlleve un daño emocional (gritos, castigos o amenazas) siempre será más fácil, pero también más perjudicial para él.

¿Qué pasa si, en lugar de con nosotros mismos, con quien tenemos que luchar es con nuestra pareja u otro familiar?

En primer lugar, te reconozco la dificultad y la complejidad de la situación. No resulta nada fácil tratar de llevar un estilo de crianza respetuoso y, además, intentar que el resto de las personas del entorno del niño también lo hagan o que, al menos, no interfieran en lo que estás haciendo.

No obstante, disponemos de cinco herramientas para poder abordar este tipo de situaciones:

* *Comunicación:* comenta con esa persona las medidas que estás intentando poner en marcha con tu peque, así como los motivos y los argumentos que te han llevado a hacerlo. En ocasiones, damos cosas por supuestas y esto puede jugar en nuestra contra. Además, hay veces que, ante esta conversación, la otra persona toma mayor conciencia de la situación y del esfuerzo que estás llevando a cabo, y cambia por completo su actitud.

* *Paciencia:* los cambios, si se producen, serán muy graduales. Quizá, tras esa conversación en la que parecíais estar de acuerdo, vuelvas a experimentar una situación parecida a las que solían darse. Cambiar la mentalidad no es fácil y es un proceso que normalmente lleva cierto tiempo.

Ejemplo: en esos momentos en los que solo te gustaría mandarlo todo bien lejos, mantén la calma y recuerda que eres el espejo en el que se reflejará tu peque. Espera a que la situación haya terminado para hablar con tu pareja o familiar tranquilamente. Si nuestro hijo ve que empezamos a gritar o a perder los papeles, no será el ejemplo que queremos que vea en nosotros.

* *Seguridad:* que estas situaciones no nos hagan perder la confianza en nosotros mismos ni en lo que estamos haciendo. En la actualidad, disponemos de estudios e información que antes no teníamos, por lo que es normal que las cosas hayan cambiado tanto en los últimos años.

* *Empatía:* empatiza con tu pareja, amigo o familiar, y empatiza con tu peque. Por un lado, piensa que esa persona, en realidad, solo pretende ayudarte y quiere lo mejor para el niño, pero no conoce otras formas de llevar a cabo su crianza. Desde ahí, la perspectiva cambia y podrás abordarlo de otra manera. Por otro lado, entiende que tu peque se pueda sentir descolocado cuando recibe distintos tipos de respuesta. Explícale que hay personas que gritan porque no saben expresarse de otra manera, pero que eso es a lo que vosotros no queréis llegar.

Teniendo en cuenta todo esto, y como sé que siempre intentarás elegir el camino difícil, es decir, el de entender y acompañar a tu peque desde el cariño y el respeto, aquí van unas últimas recomendaciones que creo que te pueden allanar el camino en muchas ocasiones.

Cómo evitar perder los nervios

Sí o sí, vamos a vivir situaciones y circunstancias en las que el cansancio físico o mental nos acerque a aquello que no queremos, a perder los nervios con nuestro peque y a hacer o decir cosas de las que sabemos que, más tarde, nos vamos a arrepentir. Somos seres humanos y, como tales, tendremos días mejores y días peores. No obstante, hay cosas que podemos tener en cuenta, incluso en los peores días, para poder manejar mejor este tipo de situaciones:

* *Evitar tomarnos como personal lo que solo es parte del desarrollo de nuestro hijo:* ni nos reta, ni nos pone a prue-

ba, ni nos lleva a nuestro límite ni tiene la intención de amargarnos la vida. Esto son solo atribuciones que añadimos los adultos y, con ellas, lo único que conseguimos es alejarnos de nuestro peque, desconectarnos de lo que está sintiendo y, como consecuencia, perder los nervios.

* *Enfocarnos en la solución y no en el problema:* de nada nos sirve dar vueltas una y otra vez sobre lo que haya podido suceder, o culpar y hacer sentir mal al niño. En lugar de eso, que no aporta nada más que consecuencias negativas para su autoestima y nuestro vínculo, pondremos todas nuestras energías en buscar juntos una solución que ponga fin a lo sucedido.

* *Respetar nuestros tiempos y nuestros espacios:* para garantizar el bienestar de nuestro hijo, ya hemos visto que es fundamental e imprescindible garantizar el nuestro propio. Y garantizar nuestro bienestar pasa por cuidar nuestro descanso, nuestros gustos, nuestras necesidades, nuestra conexión en pareja, nuestros ratos con amigos…, en definitiva, en buscar y respetar esos momentos de desconexión que nos permitirán conectar con nuestro peque.

* *La sobreexigencia será nuestra peor enemiga:* en lo que se refiere a nuestro peque, pero también a nosotros mismos. Ten en cuenta el desarrollo del niño y asegúrate de no estar siendo demasiado exigente, pero también ten en cuenta que todos somos seres humanos y que nuestro objetivo no es alcanzar la perfección. No pasa absolutamente nada si nos equivocamos, siempre y cuando seamos conscientes de ello y siempre tratemos de mejorar la situación.

* *Restar importancia a lo urgente y dársela a lo realmente importante:* nuestro peque no recordará las lavadoras que no pusimos ni la torre de ropa que no planchamos…,

o quizá sí, pero será preferible que recuerde esto a que los recuerdos de su infancia le lleven a nuestros gritos, nuestro mal humor, a castigos, amenazas, etcétera. Concedamos importancia a lo que de verdad la merece.

* *Pedir ayuda:* si nos sentimos desbordados ante una situación en concreto o creemos que no estamos llevando a cabo el estilo de crianza que pretendemos, pedir ayuda a un profesional siempre será la mejor opción. Nos ofrecerá una perspectiva diferente, los recursos que necesitamos y nos aportará luz donde solo vemos oscuridad.

Cómo ser la supermamá o el superpapá que tu peque necesita

Para terminar, me gustaría que te quedaras con esta última idea, y que la releyeras siempre que sea necesario: TÚ YA ERES LA SUPERMAMÁ O EL SUPERPAPÁ QUE TU PEQUE NECESITA. No hay nadie, en todo el mundo, más importante que tú para él. Desde la tranquilidad que supone el tener en cuenta esto, es mucho más fácil hacer las cosas bien, sin prisas, sin agobios y sin que el día a día te atropelle.

Disfruta de ti.

Saborea cada momento con tu peque.

Ojalá este libro te permita ambas cosas.

REFERENCIAS

1. Leong, V.; Byrne, E.; Clackson, K.; Georgieva, S.; Lam, S., y Wass, S. (2017). «Speaker gaze increases information coupling between infant and adult brains». *Proceedings of the National Academy of Sciences.* DOI: HYPERLINK <http://dx.doi.org/10.1073/pnas.1702493114"10.1073/pnas.1702493114>.

2. Schreiner, M. S.; Van Schaik, J. E.; Sučević, J.; Hunnius, S.; Meyer, M. (2020). «Let's talk action: Infant-directed speech facilitates infants' action learning». *Dev Psychol,* 56(9), págs. 1623-1631. DOI: 10.1037/dev0001079.

3. Costa, A., M. Hernández y C. Baus, «El cerebro bilingüe», *Mente y cerebro*, 2015, vol. 71, págs. 34-41.

4. *Ibid.*

5. Madigan, S., D. Browne, N. Racine, C. Mori y S. Tough, «Association Between Screen Time and Children's Performance on a Developmental Screening Test», *JAMA Pediatrics*, 2019, vol. 173, n.° 3), págs. 244-250. DOI: 10.1001/jamapediatrics.2018.5056.

6. Hauck, F. R., O. O. Omojokun y M. S. Siadaty, «Do pacifiers reduce the risk of sudden infant death syndrome? A metaanalysis», *Pediatrics*, 2005, vol. 116 , n.° 5, págs. 716-723. DOI: 10.1542/peds.2004-2631.

7   Leong, V., E. Byrne, K. Clackson, S. Georgieva, S. Lam y S. Wass, «Speaker gaze increases information coupling between infant and adult brains», *Proceedings of the National Academy of Sciences*, 2017. DOI: 10.1073/pnas.1702493114.

8   Fangupo, L. J., A. M. Heath, S. M. Williams, L. W. Erickson Williams, B. J. Morison, E. A. Fleming, B. J. Taylor, B. J. Wheeler y R. W. Taylor, «A Baby-Led Approach to Eating Solids and Risk of Choking», *Pediatrics*, 2016, vol. 138, n.º 4, e20160772. DOI: 10.1542/peds.2016-0772.